① 反・対・化・由・坂

目標 10分

反

読み方　音 ハン・ホン・(タン)　訓 そる・そらす

使い方　反対・反応・反対語・反発・反身

部首　又(また)

4画　一　厂　反　反

書きじゅん

対

読み方　音 タイ・ツイ　訓 (こたえる)

使い方　対戦・対立・対決・対話・対岸

部首　寸(すん)

7画　一　ナ　文　文　文　対　対

書きじゅん

化

読み方　音 カ・ケ　訓 ばける・ばかす

使い方　進化・化学・変化・化石・強化・化け物

部首　匕(ひ)

4画　ノ　イ　イ　化

書きじゅん

由

読み方　音 ユ・ユウ・ユイ　訓 (よし)

使い方　理由・由来・自由

部首　田(た)

5画　一　口　巾　由　由

書きじゅん

坂

読み方　音 (ハン)　訓 さか

使い方　下り坂・坂道・上り坂・山坂

部首　土(つちへん)

7画　一　十　士　圹　圻　坂　坂

書きじゅん

---

1 □に漢字を書きましょう。
一つ4点【40点】

① □ぶん を書く。（はん）

② 指を □ らせる。（そ）

③ □ に勝つ。（せっ　たい）

④ □岸の家。（たい）

⑤ □□工場（か　がく）

⑥ □（ば）

⑦ 町名の □□。（ゆらい）

⑧ □□行動（じ　ゆう）

⑨ 下り □□（さか　みち）

⑩ □□（さか　みち）

JN021140

5

クイズ

「由」を「ゆ」と読むのは、どれかな？
① 自由 ② 由来 ③ 理由

答え▶ 105ページ

３ ──線の言葉を、漢字と送りがな（　）に書きましょう。 【1つ12点】

② 体を後ろに__そらす__。
（　　　　　）

① きつねが人を__ばかす__。
（　　　　　）

⑥ 「なくなる」は、物や生きものが死んだりなくなったりすること。

⑧ 悪と　　決（けい）する。

⑦ 　　（りゆう）を言う。

⑤ 左の　　（ひだりた）はたし。

③ 急な上（さか）り。

⑥ 貝　　（からがい）を拾う。

② 色が変（か）する。

④ 公園に　　（ゆ）する。バス。

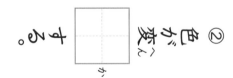

① 　　（さか）の多い町。

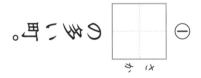

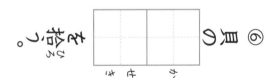

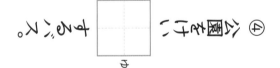

２ □にあてはまる漢字を書きましょう。 【1つ8点】

やりきれるから自信がつく！

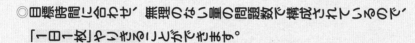

▶ **1日1枚の勉強で、学習習慣が定着！**

◎目標時間に合わせ、無理のない量の問題数で構成されているので、「1日1枚」やりきることができます。

◎解説が丁寧なので、まだ学校で習っていない内容でも勉強を進めることができます。

▶ **すべての学習の土台となる「基礎力」が身につく！**

◎スモールステップで構成され、1冊の中でも繰り返し練習していくので、確実に「基礎力」を身につけることができます。「基礎」が身につくことで、発展的な内容に進むことができるのです。

◎教科書の学習ポイントをおさえられ、言葉の力や表現力も身につけられます。

▶ **勉強管理アプリの活用で、楽しく勉強できる！**

◎設定した勉強時間にアラームが鳴るので、学習習慣がしっかりと身につきます。

◎時間や点数などを登録していくと、成績がグラフ化されたり、賞状をもらえたりするので、達成感を得られます。

◎勉強をがんばると、キャラクターとコミュニケーションを取ることができるので、日々のモチベーションが上がります。

③ アプリに得点を登録しましょう。

・アプリに得点を登録すると、キャラクターが育ちます。
・勉強するたびに得点を登録すると、成績がグラフ化されます。

といた問題を、しゃしんにとってかんたんに登録できるよ。

② おうちの方に、答え合わせをしてもらいましょう。

・答え合わせをして、点数をつけてもらいましょう。
・本のいちばんうしろに「答え」があります。

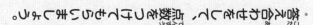

① 1日1枚、集中して解きましょう。

◎1回分は、1枚（表と裏）です。1日1枚やりましょう。
◎目標時間を意識して使うこともできます。表にある「目標時間」を意識して解きましょう。

アプリのストップウォッチなどで、かかった時間をはかりましょう。

・本に書いてある「アドバイス」を読んで、学習の内容を身につけましょう。
・「まとめテスト」で、学習した内容を確認しましょう。
・本のさいごにある「まとめテスト」は、内容の総復習です。

目標時間

書き順
とめ
はね（はらう）

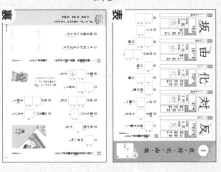

表　裏

音読み　小学校で習わないものはかたかなです。
訓読み　小学校で習わないもの（　）は送りがなです。
赤い字は、赤いシートでかくしながら読めます。

学研の「毎日のドリル」●使い方

毎日のドリル

勉強管理アプリ

「毎日のドリル」シリーズ専用、スマートフォン・タブレットで使える無料アプリです。1つのアプリで、シリーズすべてを管理でき、学習習慣が楽しく身につきます。

1　「毎日のドリル」の学習を徹底サポート！

- 毎日の勉強タイムをお知らせする[タイマー]
- かかった時間を計る[ストップウォッチ]
- 勉強した日を記録する[カレンダー]
- 入力した得点を[グラフ化]

日々の学習時間を意識しよう！

2　キャラクターと楽しく学べる！

好きなキャラクターを選ぶことができ、「ひみつ」や「クイズ」が増えます。

3　1冊終わると、ごほうびがもらえる！

ドリルが1冊終わるごとに、賞状やメダル、称号がもらえます。

これは やる気が でるうさ！

4　漢字と英単語のゲームにチャレンジ！

ゲームで、どこでも手軽に、楽しく勉強できます。漢字は学年別、英単語はレベル別に構成されており、ドリルで勉強した内容の確認にもなります。

アプリの無料ダウンロードはこちらから！

https://gakken-ep.jp/extra/maidori/

【推奨環境】
■各種Android端末：対応OS Android6.0以上
■各種iOS（iPadOS）端末：対応OS iOS10以上

※対応OSであっても、Intel CPU（x86 Atom）搭載の端末では正しく動作しない場合があります。　※対応OS や対応機種については、各ストアアプリでご確認ください。
※対応OSおよび推奨端末についてご利用できない場合、当社は責任を負いかねます。
※お客様のネット環境およびご利用端末によりアプリをご利用できない場合があります。ご了承ください。　また、事前の予告なく、サービスの提供を中止する場合があります。ご理解、ご了承いただきますよう、お願いいたします。

目標10分

月　日
とく点　点

丁

読み方
音 チョウ・テイ
訓

はねる

使い方
一丁　いっちょう
丁目　ちょうめ
包丁　ほうちょう
横丁　よこちょう

部首（いち）

書きじゅん
丁

2画　一丁

区

読み方
音 ク
訓

とめる
おる

使い方
区学　くがく
区内　くない
区分け　くわけ
地区　ちく
区間　くかん

部首（かくしがまえ）

書きじゅん
区

4画　一フヌ区

県

読み方
音 ケン
訓

とめる
おる

使い方
県立　けんりつ
県道　けんどう
県内　けんない
県外　けんがい
近県　きんけん
県下　けんか

部首（め）

書きじゅん
県

9画　丨冂冂冃目目県県県

都

読み方
音 ト・ツ
訓 みやこ

ける

使い方
都心　としん
首都　しゅと
都合　つごう
都会　とかい
都市　とし
都育ち　みやこそだち

部首（おおざと）

書きじゅん
都

11画　一十土耂耂耂者者者都都

州

読み方
音 シュウ
訓 す

はらう
むすにちゅう

使い方
アフロリダ州
アジア州
九州　きゅうしゅう
本州　ほんしゅう
信州　しんしゅう

部首（かわ）

書きじゅん
州

6画　丶丿丬州州州

一つ4点【40点】

① い　ち　ちょう　め

② 横　よこ　ちょう

③ く　ぶん　わ　け

④ く　わ　け　整理

⑤ けん　か　の市。

⑥ けん　ない

⑦ と　かい

⑧ 花の　さかり　ぱり。

⑨ 信　しん　しゅう　地方

⑩ フロリダ　しゅう

7

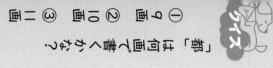

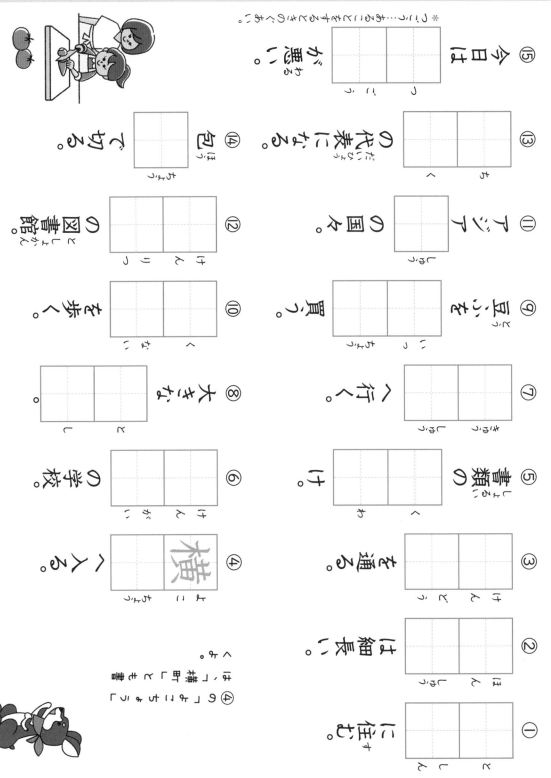

2 □にあてはまる漢字を書きましょう。

1つ4点【60点】

① □□に住む。

② □は細長い。

③ □□を通る。

④ 横□に入る。

⑤ 書類の□□け。

⑥ □□□の学校。

⑦ □□へ行く。

⑧ 大きな□□。

⑨ □□を買う。

⑩ □□を歩く。

⑪ アジアの□□の国々。

⑫ □□□の図書館。

⑬ □□の代表になる。

⑭ □で切る。包□

⑮ 今日は□□が悪い。

＊ぐあい…からだのちょうしのこと。

④の「ちょう」は、「横町」と書きますよ。

央

読み方　音 オウ

使い方
中央
央

部首（大）
書こう 央

5画　一ロ央央央

世

読み方　音 セイ・セ　くん よ／よ

使い方　世間／世の中／二十世紀／世話／後世／世代

部首（一）
書こう 世

5画　一十卅世世

界

読み方　音 カイ

使い方　界／学界／文学界／業界／世界／自然界

部首（田）
書こう 界

9画　一口田田男界界界界

列

読み方　音 レツ

使い方　列島／整列／列車／行列／列記／一列

部首（りっとう）
書こう 列

6画　一ア歹歹列列

島

読み方　音 トウ　くん しま

使い方　無人島／半島／島国／島民／小島

部首（やま）
書こう 島

10画　'ケケ自自鳥鳥島島島

---

1 □に漢字を書きましょう。
〔一つ4点／40点〕

① 国の〔ちゅう／おう〕の〔　〕。

② 〔ちゅう／おう〕公園

③ 〔い／せい〕にのばす。

④ 〔せ／けん〕

⑤ 〔せ／かい〕

⑥ 〔ぶん／がく／かい〕

⑦ 〔れっ／き〕

⑧ 日本〔れっ／とう〕

⑨ 〔とう〕民

⑩ 〔り／じま〕

9

クイズ
「一」列の部首は、どれかな？
① 一（いち） ② 二（に・に） ③ 夕（ゆう）

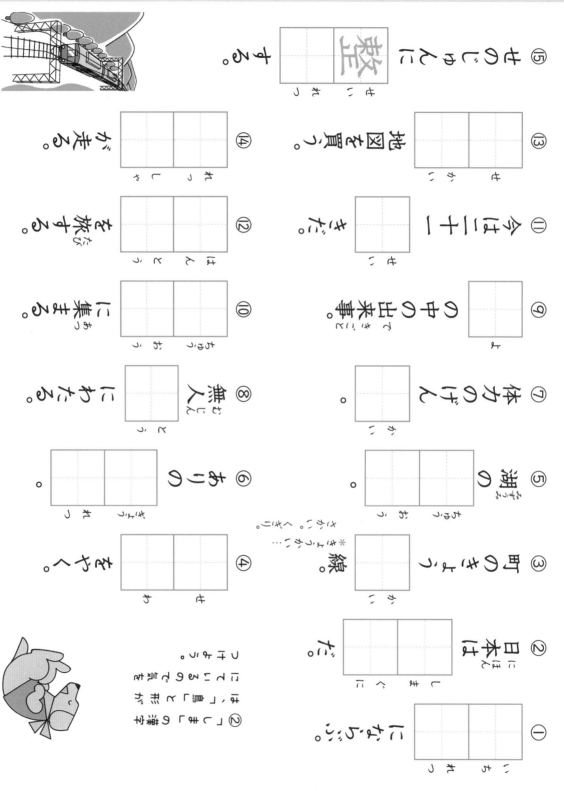

2 □にあてはまる漢字を書きましょう。
一つ4点【合計60点】

① □□に しらせる。

② 日本は □□ にしまだ。

③ 町のちょう □ 線。
＊「 」は、「 」に…

④ □□ をせへる。

⑤ 湖の □□ おう。

⑥ □□れつの あり。

⑦ 体力のげん □。

⑧ む人 □□ にわたる。

⑨ □ の中の出来事。

⑩ □□ ちょうにあつまる。

⑪ 今は三十一 □ せきだ。

⑫ □□ とうを たびする。

⑬ 地図を買う。 □□ せかい

⑭ □□□ しゃが はしる。

⑮ せんしゅに □□ 競走する。

「つまり」の漢字は、「鳥」に「つ」の形が入ると「島」になるって気づいたよ。

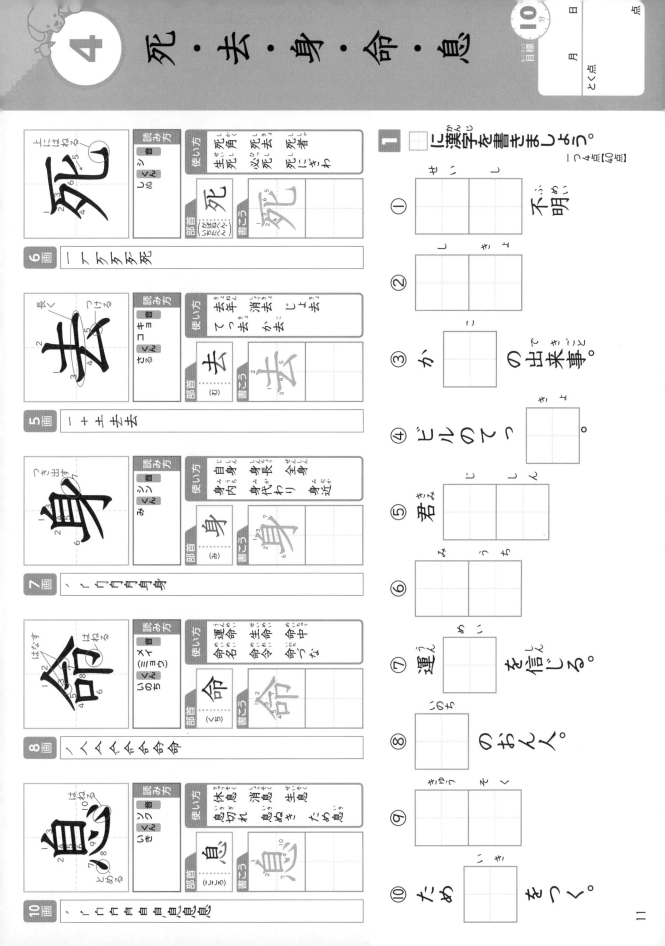

4　死・去・身・命・息

目標 10分　とく点　点

死

読み方　音 シ　訓 しぬ・はねる

使い方　生死・死角・必死・死去・死者・死にぎわ

部首　歹（いちたへん・がつへん）

6画　一　ア　歹　死

去

読み方　音 キョ・コ　訓 さる

使い方　去年・去る・消去・し去・去る

部首　厶（む）

5画　一　十　土　去

身

読み方　音 シン　訓 み

使い方　身内・自身・身代わり・身長・身近・全身

部首　身（み）

7画　〇　〇　ウ　月　月　身　身

命

読み方　音 メイ・（ミョウ）　訓 いのち

使い方　命令・運命・名命・生命・命中・命なう

部首　口（くち）

8画　ノ　人　人　合　合　命　命　命

息

読み方　音 ソク　訓 いき

使い方　休息・消息・生息・息切れ・息ぬき・ため息

部首　心（こころ）

10画　〇　〇　自　自　自　自　自息　息

---

1 □に漢字を書きましょう。

一つ4点【40点】

① □□不明

② □□

③ か□の出来事。

④ ビルのて□。

⑤ 君□□□

⑥ □□

⑦ 運□を信じる。

⑧ □のおんじん。

⑨ □□

⑩ ため□をつく。

11

クイズ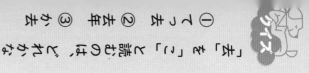
「去」を「コ」と読むのは、どれかな？
① こうさ ② 去年 ③ かこ

2 □にあてはまる漢字を書きましょう。

一つ4点【60点】

① □□をはかる。

② □□の話をする。

③ □□つなをつける。

④ 消□が不明だ。

⑤ その場を立ち□る。

⑥ □□い事の…

⑦ □□な問題だ。

⑧ □□が切れる。

⑨ データを消□する。

⑩ 社長の□が出る。

⑪ 全□をあつ…する。
（＊「じゅうじつ」とよまないこと。）

⑫ 必ず□に来る。

⑬ 矢が□□する。

⑭ 虫が□□する。

⑮ □□にぎわの言葉。

「しょうか」は、「物をけしてなくすこと」「食べ物をこなすこと」のどちらにも使いますよ。

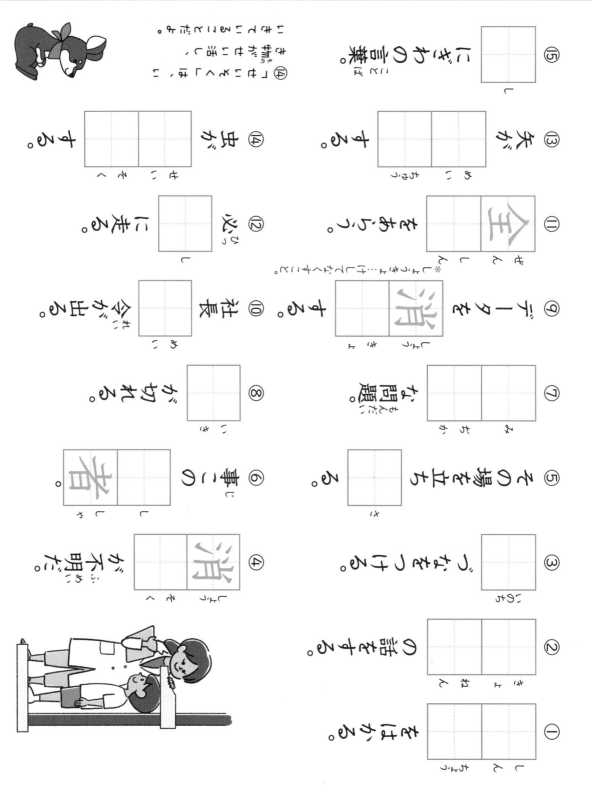

代

読み方
音 ダイ／タイ
訓 か(わる)／か(える)／よ／しろ

使い方
代理／代金／時代／交代／千代紙／代表

部首（にんべん）

5画　ノ　イ　仁　代　代

式

読み方
音 シキ

使い方
開会式／入学式／形式／式場／方式／式典

部首（しきがまえ）

6画　一　二　テ　式　式

昔

読み方
音 シャク（セキ）
訓 むかし

使い方
昔話／大昔／一昔／昔風／昔かたぎ

部首（ひ）

8画　一　十　艹　井　昔　昔　昔

昭

読み方
音 ショウ

使い方
昭和

部首（ひへん）

9画　| 　冂　日　日'　昭'　昭'　昭'　昭

和

読み方
音 ワ（オ）
訓 やわ(らぐ)／やわ(らげる)／なご(む)／なご(やか)

使い方
和式／平和／令和／和室／和食／和紙

部首（くち）

8画　一　二　千　禾　禾　和　和

---

1 □に漢字を書きましょう。　一つ4点【40点】

① 明治（めいじ）　じ だい

② 選手（せんしゅ）　こう だい

③ 広い（ひろい）　し き　。

④ にゅう が く し き

⑤ おお むかし

⑥ ひと と むかし

⑦ しょう わ　六十年

⑧ しょう わ　の年号。

⑨ 令（れい）わ　元年

⑩ わ し

13

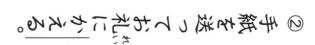

① 9画　② 10画　③ 二画

4 ——線の言葉を、漢字と送りがな（　）に書きましょう。　1つ12点【24点】

① 休みの人と日直を<u>かわる</u>。
（　　　　　　　　）

② 手紙を送っておれいに<u>かえる</u>。
（　　　　　　　　）

3 □にあてはまる、時だいを表す漢字を書きましょう。　1つ12点【24点】

① □□（しょうわ）　←　平成（へいせい）　←
② →　令和（れいわ）　□

2 □にあてはまる漢字を書きましょう。　1つ6点【36点】

① □□（だいほん）をよむ。

② □□（しきてん）を典に出席する。

③ □□（だいきん）をはらう。

④ □□でたがいにしる、

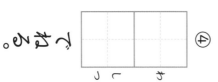

④「もの」の「者」「物」には二とおりの意味があります。

⑤ □□□（ちよがみ）をおる。

⑥ かけ算の□（しき）を書く。

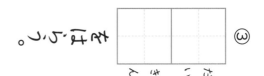

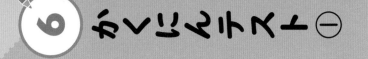

⑥ かくにんテスト①

名前

1 □にあてはまる漢字を書きましょう。 一つ4点【32点】

① 校庭の [ちゅう・おう] 。

② 生物の [しん・か]

③ 車の [し・かく] 。 *物にさえぎられて見えないはんい。

④ 新しい [けい・しき]

⑤ 長い [く・かん] を走る。

⑥ [きん・けん] から集まる。

⑦ [こう] ぬきに水を飲む。

⑧ [きゅう・しゅう] 地方

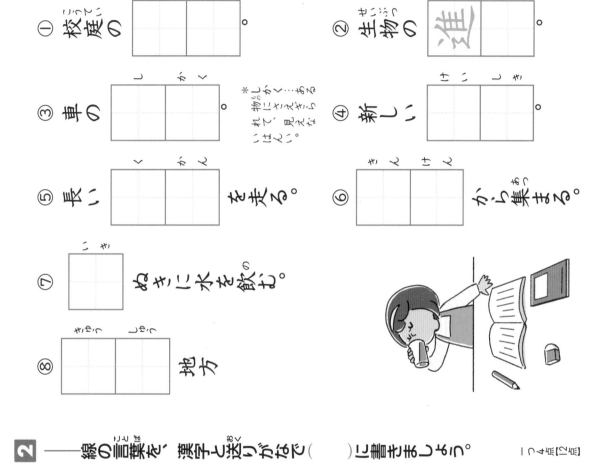

2 ——線の言葉を、漢字と送りがなで（　）に書きましょう。 一つ4点【12点】

① ぬのをからってゆうれいにばける。（　　　　　）

② せ中を後ろにそらす。（　　　　　）

③ みがわりを立てて相手と交しょうする。（　　　　　）

15

⑤ □に同じ読み方で意味のちがう漢字を書きましょう。　【一つ6点】

①
　意見の対立。（た）
　台風が来る。（た）

②
　花から□の紙。（し）
　住みよい□の中。（し）

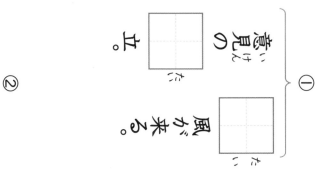
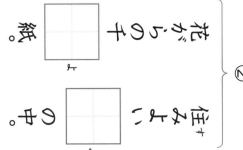

④ ──線の漢字の読みがなを書きましょう。　【一つ4点】

①
　友人の都合を聞く。（　　）
　都市に引っこす。（　　）

③
　名前の由来。（　　）
　おくれて来た理由。（　　）

②
　去年から来しゅんの行事。（　　）
　かけ足で去来。（　　）

④
　生命にかかわる問題だ。（　　）
　命のきけんを感じる。（　　）

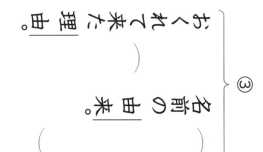

③ ──線の漢字の読みがなを書きましょう。　【一つ8点】

②　船で小島をめぐる。（　　）

①　天気が下り坂になる。（　　）

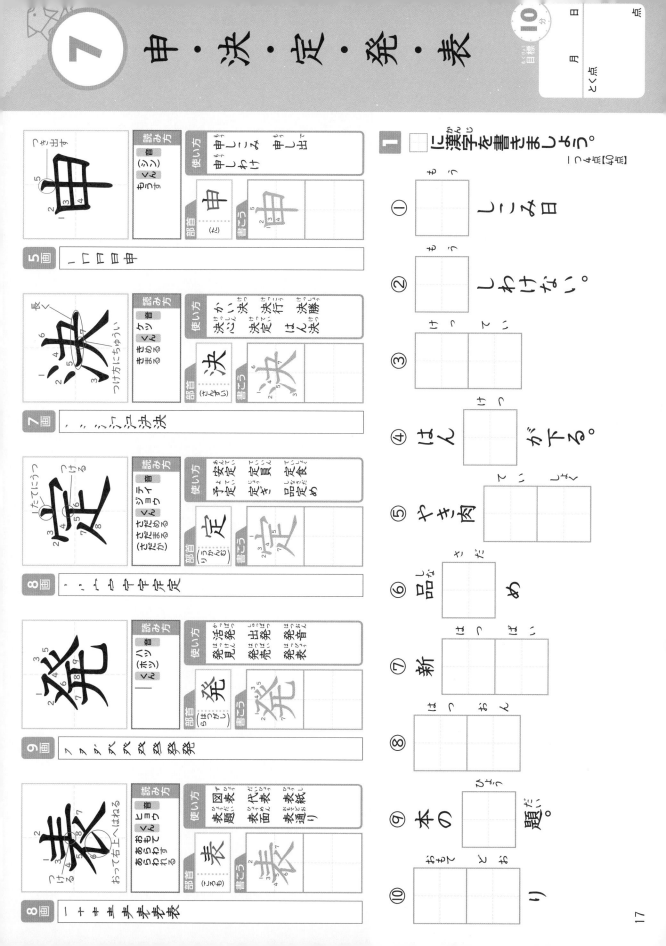

申
5画 丨 冂 冃 目 申

読み方
音 （シン）
訓 もうす

使い方
申し申しこみ
申しわけ
申し出て

部首 （た）

決
7画 丶 冫 冫 沪 沪 決

読み方
音 ケツ
訓 きめる きまる

使い方
決心
決行
決定
はん決
決め
決勝

部首 （さんずい）

つけ方にちゅうい

定
8画 丶 宀 宀 宀 宁 宇 定

読み方
音 テイ ジョウ
訓 さだめる さだまる （さだか）

使い方
予定
安定
定員
定食
定め
定
品定め

部首 （うかんむり）

たてにうつ

発
9画 ブ ブ ブ ゔ 癶 発 発

読み方
音 ハツ ホツ
訓

使い方
発見
出発
発売
発音
発表
活発

部首 （はつがしら）

表
8画 一 十 丰 圭 寺 表 表 表

読み方
音 ヒョウ
訓 おもて あらわす あらわれる

使い方
図表
代表
表紙
表面
表通り
表題
表れる
表す

部首 （ころも）

おって右上へはねる

---

1 □に漢字を書きましょう。
一つ4点【40点】

① もう □ しこみ日

② もう □ しわけない。

③ けってい

④ はん □ が下る。

⑤ やき肉 ていしょく

⑥ 品さだ □ め

⑦ 新 はつばい

⑧ はっぴょう

⑨ 本の ひょうだい。

⑩ おもてどお り

17

クイズ

「あらわれる」を漢字と送りがなで書くと、どれが正しいかな？
① 表われる ② 表れる ③ 表る

3 ──線の言葉を、漢字と送りがな（　）で書きましょう。
1つ5点【15点】

① よろこびの気持ちをあらわす。

（　　　　　　　　　）

② 一年間の目標がさだまる。

（　　　　　　　　　）

③ 話し合ってルールをさだめる。

（　　　　　　　　　）

2 □にあてはまる漢字を書きましょう。
1つ5点【45点】

① 問題を□にする。

② □めんか□□もの。

③ 三角□□を使う。

④ □□に動く。

⑤ 日本選手□□。

⑥ □勝戦に出る。

⑦ 当選者の□□。

⑧ 教科書の□□。

⑨ □員は五名だ。
＊「ひとり・ふたり……」などであらわす人数。

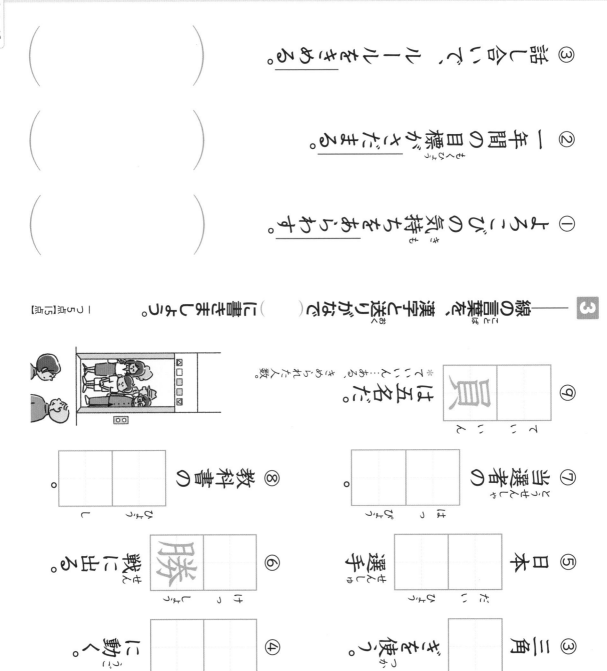

写

読み方
音 シャ
訓 うつ(す)・うつ(る)

使い方
写生・試写会・写真
写す・書き写す

部首 わかんむり（冖）
書きじゅん 写

5画 `、丶写写写`

真

読み方
音 シン
訓 ま

使い方
真心・真意・真相・真夏・真っ赤・真夜中

部首 め
書きじゅん 真

10画 `一十十十十有有有直真真`

羊

読み方
音 ヨウ
訓 ひつじ

使い方
牧羊犬・羊毛・羊小屋・子羊

部首 ひつじ
書きじゅん 羊

6画 `、丶艹关羊羊`

洋

読み方
音 ヨウ
訓 ——

使い方
西洋・洋食・大洋・太平洋・洋風・洋服・洋画

部首 さんずい（氵）
書きじゅん 洋

9画 `、丶氵汁汁兰洋洋`

服

読み方
音 フク
訓 ——

使い方
服地・衣服・服そう・洋服・服用

部首 つきへん（月）
書きじゅん 服

8画 `） 月月月肌服服`

---

1 □に漢字を書きましょう。

一つ4点【40点】

① えい□き（機）

② □□（しゃしん）

③ □（しん）意をくむ。

④ □（ま）□（よ）□（なか）

⑤ □□（ようもう）

⑥ □（ひつじ）小屋

⑦ 太平□（よう）

⑧ □□（ようふく）

⑨ 食後の□□（しょっぷく）。

⑩ 薬を□□（ふくよう）する。

クイズ 「服」は何画で書くかな？
① 8画 ② 10画 ③ 二画

答え ▶ 106ページ

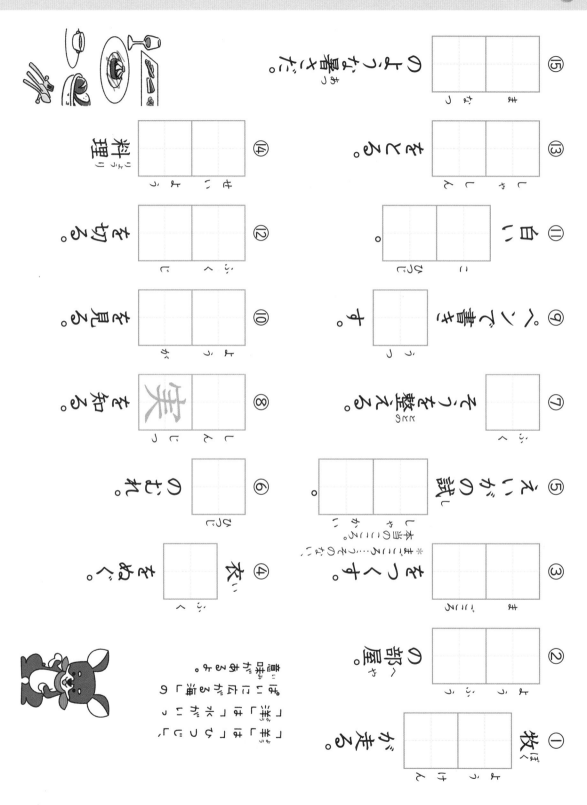

2 □にあてはまる漢字を書きましょう。 1つ4点【60点】

① 牧□□□が栄える。

② □□の部屋。

③ □□をくべる。

④ □□をぬぐ。

⑤ えにがきの試□□をくべる。
　*本当にここをつくるの……？

⑥ □□のむれ。

⑦ □□をととのえる。

⑧ 実□□を知る。

⑨ □□でかく書きます。

⑩ □□を見る。

⑪ □□い白□。

⑫ □□を切る。

⑬ □□をとく。

⑭ 料理

⑮ □□のようなものだ。

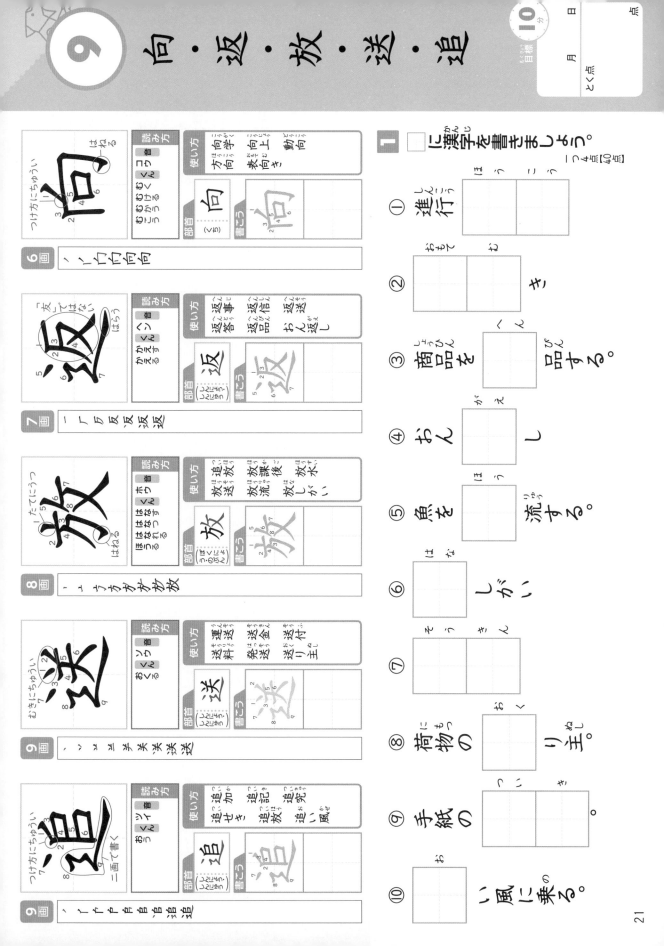

目標 10分　月　日　点　とく点

向

はねる　つけ方にちゅうい

読み方　音 コウ　くん むく・むかう・むける・むこう

使い方　方向・向学・表向き・動向

部首　口（くち）　書きじゅん

6画　ノ　ノ　ロ　向　向　向

返

「友」ではない　はらう

読み方　音 ヘン　くん かえす・かえる

使い方　返答・返事・返品・返信・お返し・返す

部首　しんにょう（しんにゅう）　書きじゅん

7画　一　厂　ヮ　反　反　返　返

放

たてにうつ　はねる

読み方　音 ホウ　くん はなす・はなつ・はなれる・ほうる

使い方　放送・放す・放課後・放流・放水・放しが

部首　ほうぶん（のぶん）　書きじゅん

8画　一　亠　ナ　方　方　放　放

送

むきにちゅうい

読み方　音 ソウ　くん おくる

使い方　送料・運送・発送・送金・送る・送り主

部首　しんにょう（しんにゅう）　書きじゅん

9画　ヽ　ン　ソ　半　美　关　送　送

追

つけ方にちゅうい　二画で書く

読み方　音 ツイ　くん おう

使い方　追せき・追加・追記・追放・追究・追風

部首　しんにょう（しんにゅう）　書きじゅん

9画　ノ　イ　ₒ　户　自　自　追　追

1 □に漢字を書きましょう。

〔一つ4点【40点】〕

① 進行 ［ほう・こう］

② ［おもて・む］き

③ 商品を ［へん］品する。

④ お ［かえ］し

⑤ 魚を ［りゅう・ほう］流する。

⑥ ［はな］しがい

⑦ ［そう・きん］

⑧ 荷物の ［お・く］り主。

⑨ 手紙の ［へん・じ］。

⑩ ［お］い風に乗る。

クイズ

「返」の音読みは、どれかな？
① ヘン
② ペン
③ ホ

3 ——線の言葉を、漢字とおくりがな（かな）で（　）に書きましょう。 【1つ6点 24点】

① まい日学校にかよう。
（　　　　　）

② かりていた本をかえす。
（　　　　　）

③ けがをおった野鳥を野にはなす。
（　　　　　）

④ おばあさんに手紙をおくる。
（　　　　　）

いねいに
書こう。

2 □にあてはまる漢字を書きましょう。 【1つ6点 36点】

① 信□をくぐる。

③ 学力が□□する。

⑤ トラックで□運□する。

⑥ ほうかを□□する。

② □なをつくる。

④ □文で注文する。

【1つ6点 36点】

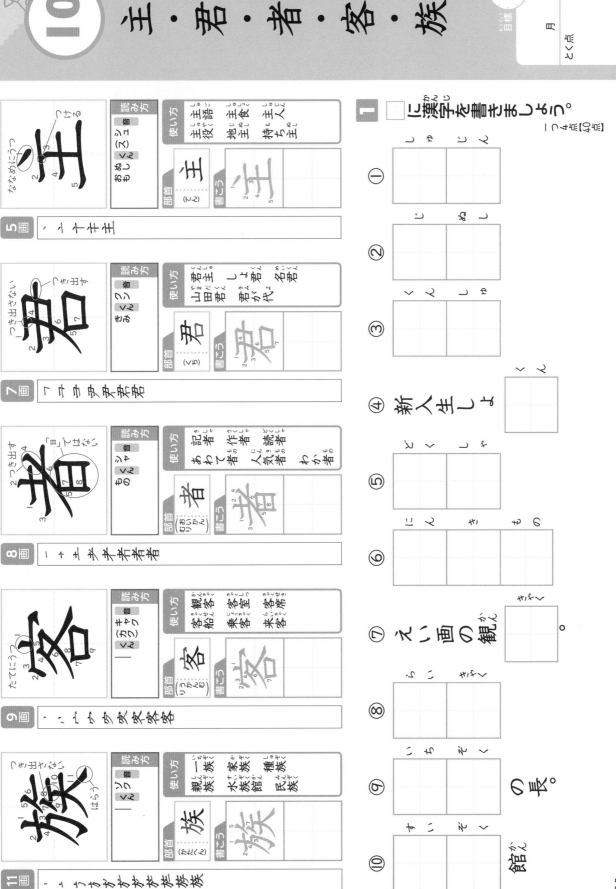

クイズ

「主」を「ぬ」と読むのは、どれかな？
① 主語　② 主役　③ 地主

答え ▶ 106ページ

2 □にあてはまる漢字を書きましょう。

ラ4じ11　【言語60】

(一)「ぬ」「ロ」の部分が「ロ」は、下の「ロ」を「ロ」になるように書きます。

① 弟はあわて□の□だ。

② 名□□に仕える。
＊名□□…すぐれた主人。

③ 持ち□をさがす。

④ □□が集まる。

⑤ □□に案内する。

⑥ 「□□」を歌う。

⑦ 物語の□□。

⑧ □□□の写真。

⑨ 山田□と遊ぶ。

⑩ □□に仕わる。

⑪ 新聞□□と話す。

⑫ □□な登場人物。

⑬ 民□□によういを着る。

⑭ 外国の□□。

⑮ 日本人の□□は米だ。
＊はん米だ…ご飯のように食べる物。

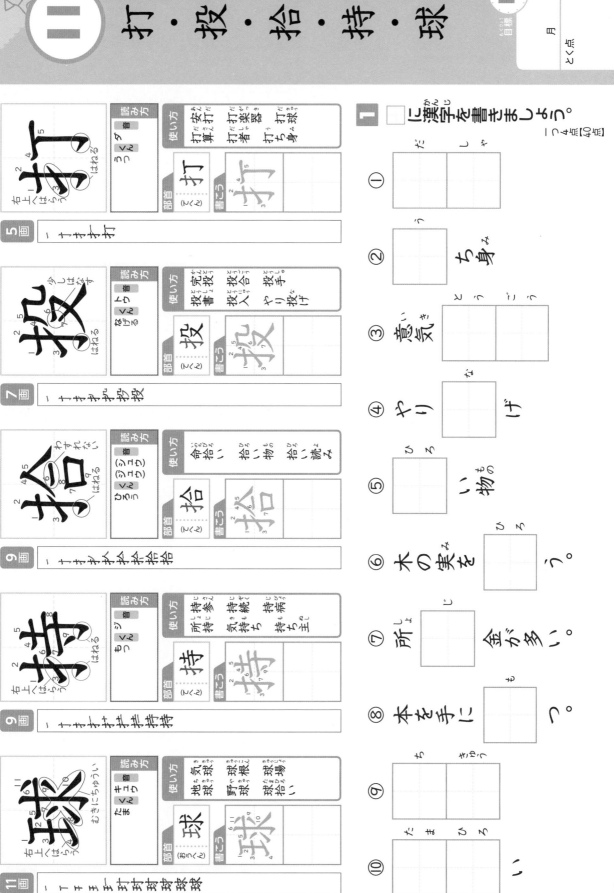

二 打・投・拾・持・球

打 5画

読み方
音 ダ
訓 うつ（はねる）

使い方
打球
打ち身
打者
打ち合い
安打
打楽器
打算

部首
扌（てへん）

一 十 才 打

投 7画

読み方
音 トウ
訓 なげる（はねる）

使い方
投手
投げる
投合う
投入
完投
投書

部首
扌（てへん）

一 十 才 扒 投

拾 9画

読み方
音 シュウ（ジュウ）
訓 ひろう（はねる）

使い方
拾い読み
拾い物
拾い命

部首
扌（てへん）

一 十 才 扑 拾 拾

持 9画

読み方
音 ジ
訓 もつ（はねる）

使い方
持主
持病
持ち続く
気持ち
持参
所持

部首
扌（てへん）

一 十 才 扌 扩 持 持

球 11画

読み方
音 キュウ
訓 たま（はねる）

使い方
球場拾い
球根
野球
気球
地球

部首
王（おうへん）

一 T F 王 玌 邽 邽 球 球

---

1 □に漢字を書きましょう。
〔一つ4点【40点】〕

① だ | しゃ

② う ち身み

③ 意気き | とう | ごう

④ や り | な げ

⑤ ひ ろ い物もの

⑥ 木の実みを | ひ ろ う。

⑦ 所し | じ 金が多い。

⑧ 本を手に | も つ。

⑨ ち | きゅう

⑩ だ ま | ひ ろ い

部首「扌（てへん）」の意味は、どれかな？
① 手紙
② 手
③ 手話

答え ▶ 106ページ

3 ――線の言葉を、漢字と送りがな（　）に書きましょう。　1つ12点【12点】

① 雪玉をなげる。
（　　　　　　　）

② 海辺で貝がらをひろう。
（　　　　　　　）

最後の②・⑤・⑥の点をつなぐと、「　」の形になりますよ。

2 □にあてはまる漢字を書きましょう。　1つ6点【48点】

① ホームランをう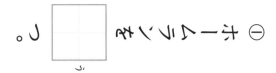つ。

② プロの選手（せんしゅ）。

③ とし（ゆ）がわ代わる。

④ もくざ（き）ちょうの風。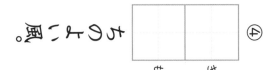

⑤ だ（い）く（く）のいえ。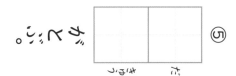

⑥ こん（ね）根を植える。

⑦ べん当（べんとう）を参（さん）か。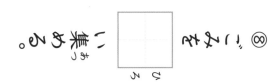

⑧ いろ（いろ）を集める。

名前

15分　目標　月　日　とく点

1 □に同じ部分をもつ漢字を書きましょう。　一つ4点【44点】

①
ボールを□（は）る。
同じ種□（ぞく）の生物。
※種ぞく…同じ仲間の動物や植物のもの。

②
□（じょう）ぎで線を引く。
電車の乗□（きゃく）。

③
落とし物が□（かえ）る。
はん人を□（こ）せいする。
友人を家まで□（おく）る。

④
新聞に□（とう）書する。
筆を手に□（も）つ。
□（だ）楽器を鳴らす。
命ごいを□（び）る。

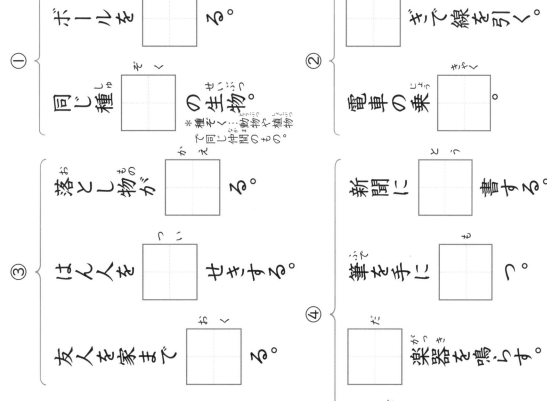

2 ——線の言葉を、漢字とおくりがなで（　）に書きましょう。　一つ5点【10点】

① 顔を上にむける。（　　　　　　）

② 試合の対戦相手がきまる。（　　　　　　）

27

5 □に同じ読み方で意味のちがう漢字を書きましょう。 【各6点】

① 食□がすすんだ。（よう）　毛の□なマフラー。（よう）

② 風景を□生する。（しゃ）　物語の作□に会う。（しゃ）

4 ──線の漢字の読みがなを書きましょう。 24点【各3点】

① 速い球を投げる。（　　）
　気球に乗る。（　　）

③ 真相をたしかめた手紙。（　　）
　真相を明らかにする（　　）
　＊真相…本当の様子。

② 表通りを進む。（　　）
　表紙をめくる。（　　）

④ 主な成分を調べる。（　　）
　声の主をさがす。（　　）

3 ──線の漢字の読みがなを書きましょう。 6点【各3点】

① バスが出発する。（　　）

② 兄の学校には制服がある。（　　）

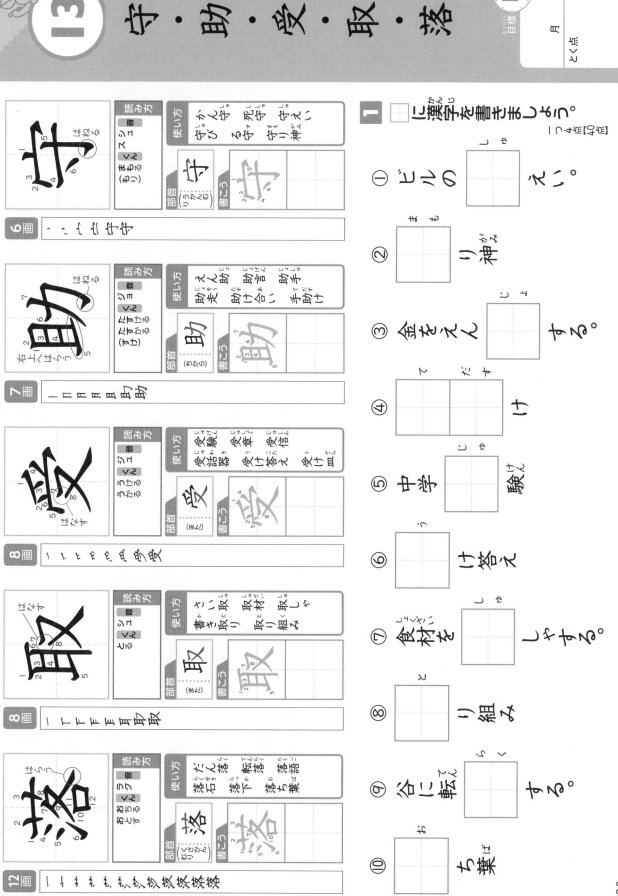

13 守・助・受・取・落

守
読み方
音 シュ
　ス
くん まもる
　　（もり）
はねる

使い方
身を守る
死守する
神を守り
守り神

部首 うかんむり
書こう 守

6画　守

助
読み方
音 ジョ
くん たすける
　　たすかる
　　（すけ）
はねる

使い方
助言する
助け合い
手助け

部首 ちから
書こう 助

7画　助

受
読み方
音 ジュ
くん うける
　　うかる

使い方
受話器
受け答え
受け皿
受験
受章
受信

部首 また
書こう 受

8画　受

取
読み方
音 シュ
くん とる
はねる

使い方
書き取り
取り組み
取材

部首 また
書こう 取

8画　取

落
読み方
音 ラク
くん おちる
　　おとす
はらう

使い方
だん落
落石
落下
落ち葉
転落
落語

部首 くさかんむり
書こう 落

12画　落

---

1 □に漢字を書きましょう。
一つ4点【40点】

① ビルの □しゅ えい。

② □まも り神が み。

③ 金をえん □じょ する。

④ □て□だす け

⑤ 中学 □じゅ 験ん

⑥ □う け答え

⑦ 食材を □しゅざい しけする。

⑧ □と り組み

⑨ 谷に転ん □らく する。

⑩ □お ち葉ば

29

② 木の葉が<u>ちらちら</u>とおちる。

（　　　　　　　）

① だまっている人を<u>せかす</u>。

（　　　　　　　）

3 ──線の言葉を、漢字と送りがな（ひらがな）で（　）に書きましょう。

1つ5点【10点】

⑩ 〔しゅしょう〕文章を□す。
　＊文章……文を、いくつかつないで書いたもの。

⑨ 漢字の書き〔とり〕練習をする。□

⑧ 実験の〔じゅん〕□□

⑦ 家を〔す〕□る。

⑥ 電子メールの〔じ〕□けんを□

⑤ 〔ちゅうい〕□□する。

④ 事けんを□□

③ 先生からの〔しゅく〕だい。

② □□を聞く。

① 〔しょ〕□にむける。□□

2 □にあてはまる漢字を書きましょう。

1つ5点【50点】

30

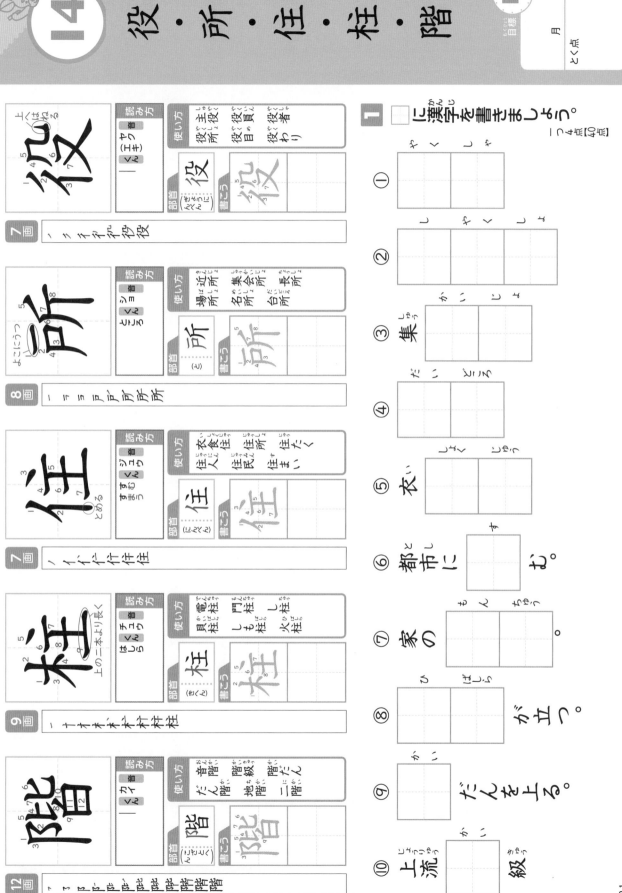

役 7画
読み方：（エキ）ヤク
部首：ぎょうにんべん
使い方：役わり／役者／役員／役目／主役／役所
筆順：｜ ｜ ｛ ｛ ｛ 役 役

所 8画
読み方：ショ　ところ
部首：戸
使い方：近所／場所／名所／会所／台所／長所
筆順：｜ ｛ ｛ 戸 戸 所 所 所

住 7画
読み方：ジュウ　すむ／すまる
部首：にんべん
使い方：衣食住／住人／住民／住所／住まい／住たく
筆順：｜ ｛ ｛ 住 住 住 住

柱 9画
読み方：チュウ　はしら
部首：きへん
使い方：電柱／門柱／火の柱／柱／貝柱／し柱
筆順：一 十 オ 木 木 村 村 柱 柱

階 12画
読み方：カイ
部首：こざとへん
使い方：音階／地階／二階／階級／階だん／だん階
筆順：｜ ｛ ｛ ｛ ｛ ｛ ｛ 阡 階 階 階 階

1 □に漢字を書きましょう。
〔一つ4点　40点〕

① やく　しょ

② し　やく　しょ

③ 集　かい　じょ

④ だい　どころ

⑤ 衣　しょく　じゅう

⑥ 都市に　すむ。

⑦ 家の　もん　ちゅう。

⑧ ひ　ばしら　が立つ。

⑨ かい　だんを上る。

⑩ 上流　かい　級

31

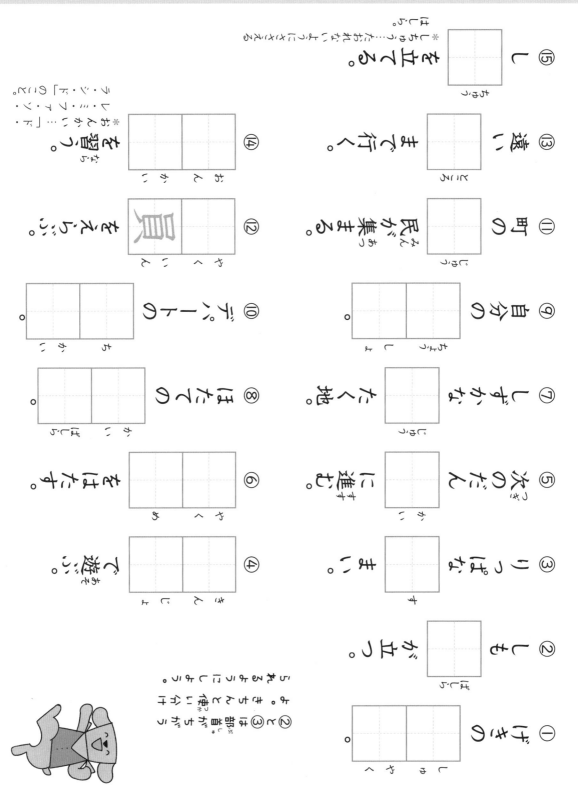

クイズ

——線を「住」と書くのは、どれかな？
①電ちゅう
②火ばしら
③じゅう人

2 □にあてはまる漢字を書きましょう。 1つ4点【60点】

① げきの□□と。

② □□しもが立つ。

③ つりばしをわたる。

④ □□□□で遊ぶ。

⑤ 次のだんかいに進む。

⑥ □□□をはたす。

⑦ しずかなしき地。

⑧ □□□のはたて。

⑨ 自分の□□□地。

⑩ □□□のテーブルの。

⑪ 町の□□民が集まる。

⑫ □□□□をそなえる。

⑬ 遠い□□まで行く。

⑭ □□□□を習う。

⑮ □□□□しを立てる。

②と③は部首が同じだけど、まちがえないようにね。

15 皿・品・物・荷・商

目標 10分
月　日
とく点　点

左側（漢字練習）

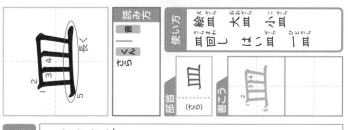

5画　一 フ 冂 冊 皿

9画　一 口 口 口 吕 吕 吕 品 品

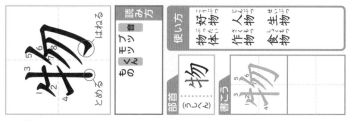

8画　ノ 十 キ 牛 牜 物 物 物

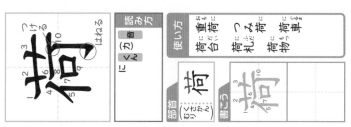

10画　一 十 艹 艹 荒 苔 荷 荷 荷 荷

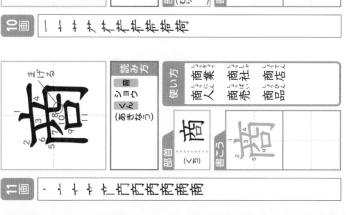

11画　一 十 艹 艹 产 产 产 产 商 商 商

右側（問題）

1 □に漢字を書きましょう。
一つ4点【40点】

① おおざら

② はこ

③ さいひん
と

④ しなもの

⑤ なぞの ぶったい。

⑥ しょくもつ

⑦ おもに

⑧ にだい

⑨ しょうしな

⑩ しょうにん の町。

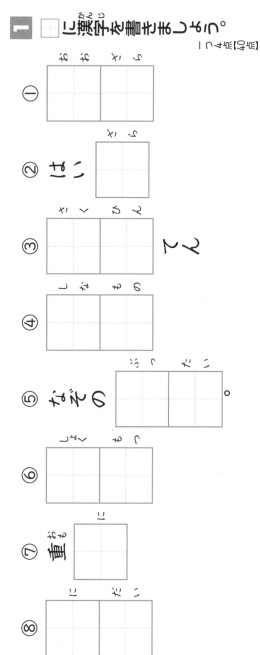
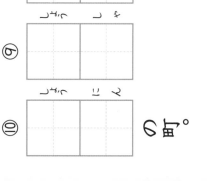

33

クイズ

「物」を「ブ」と読むのは、どれかな？
① 荷物
② 持ち物
③ 人物

「物」の音読みには、「ブツ」「モツ」があるよ。「ブ」とよむのは、ほとんどが「ブッ」のかたちになるよ。

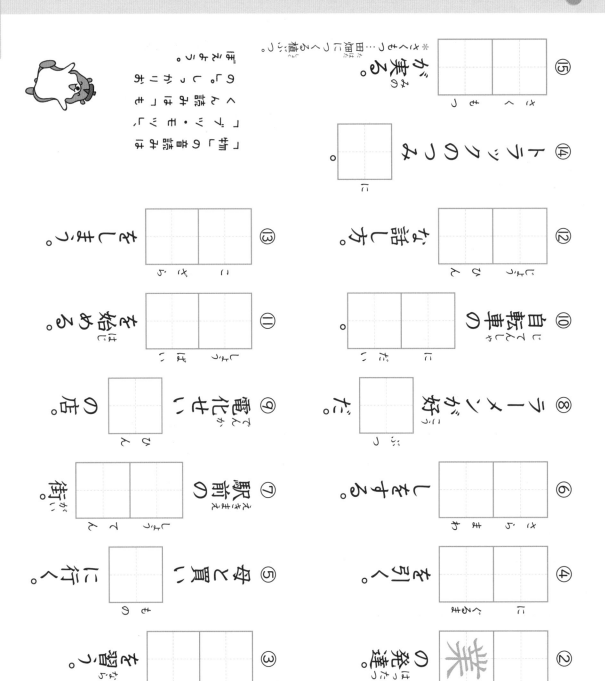

2 □にあてはまる漢字を書きましょう。
1つ4点【60点】

① 美しい □□ 。
（え　がら）

② 美□□ の発達は…
（びじゅつ）

③ □□ て を習う。
（さ ほう）

④ □□ を引く。
（に　もつ）

⑤ 母と買い□ に行く。
（もの）

⑥ □□ をする。
（はか り ごと）

⑦ 駅前の□□ て 街が…
（はんてん）

⑧ ラーメンが好きだ。□□
（ぶつ）

⑨ 電化せい□ の店。
（ひん）

⑩ 自転車の□□ だ。
（にもの）

⑪ □□ を始める。
（しょうばい）

⑫ □□ な話し方。
（じょうひん）

⑬ □□ をします。
（いはい）

⑭ トランプのみ□ 。
（に）

⑮ □□ が実る。
（さくもつ）

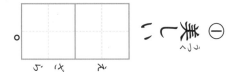

月　日　点

目標 10分

とく点

安

読み方	音 アン 訓 やすい	使い方	不安 平安 安売り 安心	部首 うかんむり

6画　｀　｀　宀　安　安

全

読み方	音 ゼン 訓 まったく・すべて	使い方	健全 全集 全身 全員 全力 全国	部首 ひとやね

6画　ノ　人　ム　今　全　全

注

読み方	音 チュウ 訓 そそぐ	使い方	注入 注意 注目 注文 受注 注しゃ	部首 さんずい

8画　｀　氵　氵　汁　注　注

意

読み方	音 イ	使い方	決意 意外 同意 意見 用意 意味	部首 こころ

13画　｀　｀　亠　产　音　音　音　意　意　意

速

読み方	音 ソク 訓 はやい・はやまる・はやめる・すみやか	使い方	速速 急速 高速度 時速 速球	部首 しんにょう

10画　一　ｒ　百　申　束　速　速　速

---

1 □に漢字を書きましょう。
〔一つ4点【40点】〕

① 交通 [　]（あん）[　]（ぜん）

② [　]（やす）[　]（う）り

③ 文学 [　]（ぜん）集しゅう

④ [　]（また）く知らない。

⑤ [　]（じゅ）[　]（ちゅう）生産せいさん

⑥ [　]（ちゅう）[　]（にゅう）

⑦ [　]（ちゅう）[　]（い）をもとめる。

⑧ [　]（よ）[　]（う）[　]（い）

⑨ [　]（こう）[　]（そく）道路ろ

⑩ [　]（そく）[　]（く）度計ど

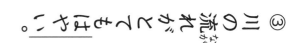

クイズ

「安」の部首は、どれかな?
① ア（てん）② ウ（うかんむり）③ 女（おんな）

3 ──線の言葉を、漢字と送りがな（　）に書きましょう。 1つ5点【15点】

① 宿題をすませる。
（　　　　　　）

② コップに水をそそぐ。
（　　　　　　）

③ 川の流れがとてもはやい。
（　　　　　　）

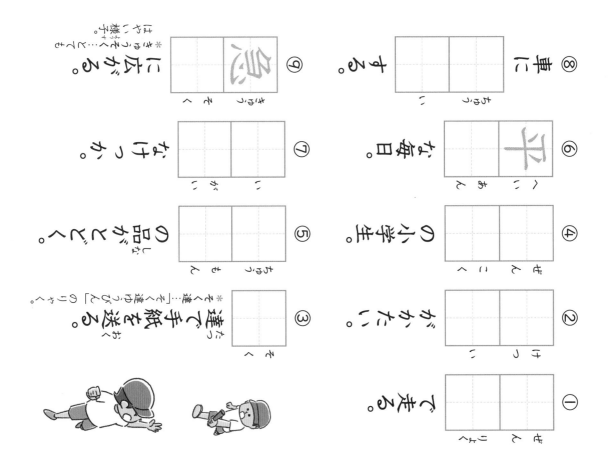

2 □にあてはまる漢字を書きましょう。 1つ5点【45点】

他・平・等・倍・部

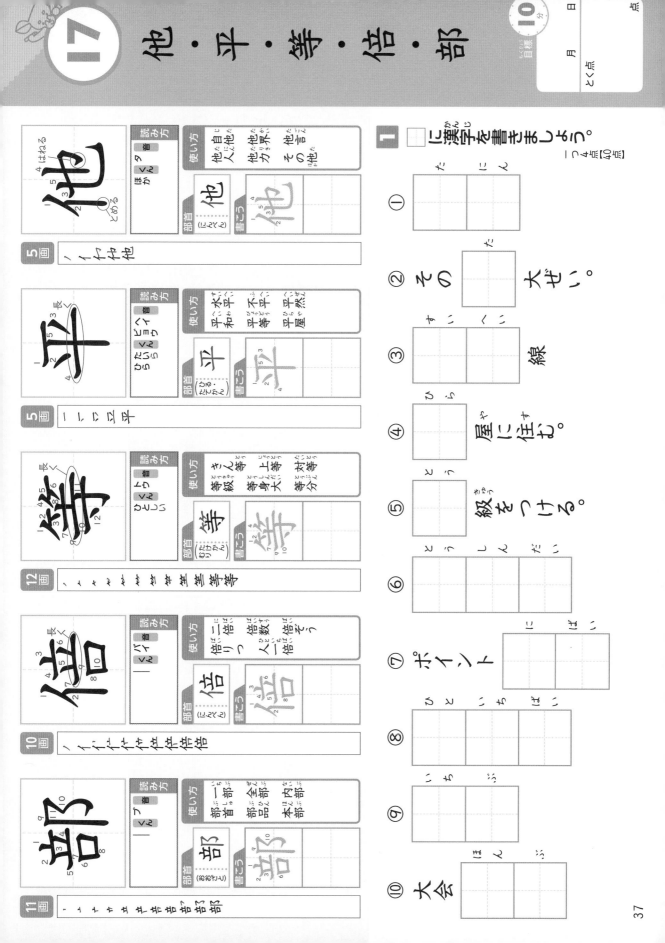

他

読み方 音 タ 訓 ほか

使い方 他言（たごん） その他（た） 他（ほか）力（りき） 他人（たにん）に言（い）う 他（た）に自（じ）

部首 にんべん

5画 ノ イ 仲 他 他

平

読み方 音 ヘイ ビョウ 訓 たいら ひら

使い方 平然（へいぜん） 平（ひら）屋（や） 不平（ふへい） 平等（びょうどう） 水平（すいへい） 平和（へいわ）

部首 ひる・たかん

5画 一 一 一 平 平

等

読み方 音 トウ 訓 ひとしい

使い方 等分（とうぶん） 等身（とうしん）大（だい） 上等（じょうとう） 等級（とうきゅう） 対等（たいとう）

部首 たけかんむり

12画 ノ ， ，， ，，， ，，，， ，，，， 笙 竿 等 等 等

倍

読み方 音 バイ

使い方 倍（ばい）にする 二倍（にばい） 人一倍（ひといちばい） 数倍（すうばい）

部首 にんべん

10画 ノ イ イ' イ'' イ'' 伴 倅 倍 倍

部

読み方 音 ブ

使い方 内部（ないぶ） 全部（ぜんぶ） 部品（ぶひん） 部首（ぶしゅ） 一部（いちぶ）

部首 おおざと

11画 ， ， ，，， ， 立 立 音 音 部 部

---

1 □に漢字を書きましょう。

一つ4点【40点】

① た に ん ☐☐

② その ☐ た 大ぜい。

③ すい ☐☐ く 線

④ ☐ ひ ら 屋に住（す）む。

⑤ ☐☐ と う 級（きゅう）をつける。

⑥ ☐☐☐ と う し ん だ い

⑦ ポイント ☐☐ に ば い

⑧ ☐☐☐☐ ひ と く ち ば い

⑨ ☐☐ い ち ぶ

⑩ 大会 ☐☐ ほ ん ぶ

答え ▶ 107ページ

クイズ
「部」は何画で書くかな？
① 10画 ② 11画 ③ 12画

3 ——線の言葉を漢字と送りがな（ ）に書きましょう。　1つ5点【10点】

① たしかな道が多く。（　　　　　　）

② この本のものがたりは長い。（　　　　　　）

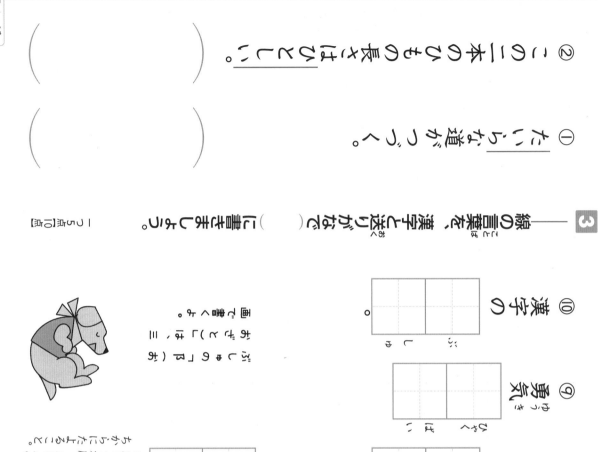

※本がんばって「ぼ（ぎゅ）」とかん字にするよ。「ぼ（う）」は、三画で書くよ。

＊本がん。
たよりがたなる…の。
ねがいをかなえる。
たよりだよ。

⑩ 漢字の [しゅ|ぶ] ○
⑨ 勇気 [かん|は|い]
⑦ 建物の [ぶ|い|な]
⑤ きん に分ける [とう|い]
③ 然とかまえる。 [へ|ん]
① の人にはたずねる。 [はか]

⑧ 本がんばって [た|い|き]
⑥ りが高い。 [は|い]
④ そ父が な立場で話す。 [た|い|こ] [な|こ|う]
② た立場で話す。 [た|い|こ] [こ|う]

2 □にあてはまる漢字を書きましょう。　1つ5点【50点】

1 □にあてはまる漢字を書きましょう。

1つ4点【40点】
（⑨は完答で4点）

① じゅうしょ を書く。

② 新発売の しょうひん 。

③ 他の人の いけん 。

④ にかい く上がる。

⑤ やく わりを決める。

⑥ じょそう をつける。

⑦ 二の かんばん は六だ。

⑧ あんしん してねむる。

⑨ カップの そうけ 。

⑩ 第一 だんらく を読む。

※だんらく…文章を内ようによって分けた一区切り。

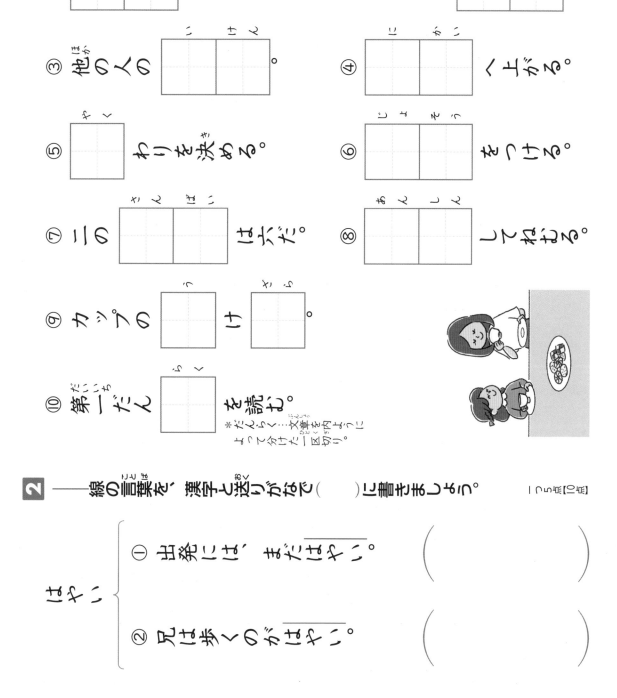

2 ──線の言葉を、漢字と送りがなで（ ）に書きましょう。

1つ5点【10点】

はやい
① 出発には、まだはやい。 （ ）

② 兄は歩くのがはやい。 （ ）

④ □に同じ読み方のうちからあう漢字を書きましょう。 【1つ5点 20点】

①
- 一点を死□する。
- 薬草を□にする。

②
- □目のまと。
- 電□のかん板。

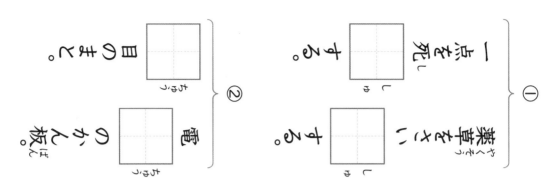

3 ——線の漢字の読みがなを書きましょう。 【1つ3点 30点】

③
- 平たい石を拾う。（　）
- 平和な世の中。（　）
- 男女平等。（　）
- 庭を平らにする。（　）

①
- 星が全く見えない。（　）
- 道具で全部持つ。（　）
- いすを全てそろえる。（　）

②
- 荷物を運ぶ。（　）
- 食べ物を運ぶ。（　）
- 海の生物。（　）

⑲ 豆・味・油・酒・飲

豆

読み方
音 トウ・ズ
訓 まめ

使い方
大豆　えだ豆　豆まき　豆ふ　豆電球　納豆

部首（まめ）

7画　一　ニ　亓　亓　亓　豆　豆

味

読み方
音 ミ
訓 あじ・あじわう

使い方
味方　意味　うす味　調味料　塩味

部首（くちへん）

8画　丨　口　口　口　叶　吁　味　味

油

読み方
音 ユ
訓 あぶら

使い方
油だん　原油　石油　絵の具　ごま油　油せい

部首（さんずい）

8画　丶　丶　氵　汀　汕　油　油　油

酒

読み方
音 シュ
訓 さけ・さか

使い方
お酒　梅酒　清酒　酒場　日本酒　酒屋

部首（とりへん）

10画　丶　丶　氵　汀　汀　洒　洒　酒　酒　酒

飲

読み方
音 イン
訓 のむ

使い方
飲み水　飲料　飲食店　飲み物　飲用

部首（しょくへん）

12画　丿　人　今　今　今　今　食　食　食　飲　飲　飲

1 □に漢字を書きましょう。

1つ4点【40点】

① [　]とう　にゅう

② [　][　][　]　まめ・でん・きゅう

③ しゅ[　]　み

④ うす[　]　あじ

⑤ [　][　]　けん・ゆ

⑥ ごま[　]をかける。　あぶら

⑦ [　][　][　]　に・ほん・しゅ

⑧ [　][　]　さか・ば

⑨ [　][　]止　いん・しゅ

⑩ [　]の　のみ
物を買う。

クイズ

「酒」を「さけ」と読むのは、どれかな？

① あま酒　② 酒場　③ 日本酒

2 □にあてはまる漢字を書きましょう。　一つ4点[60点]

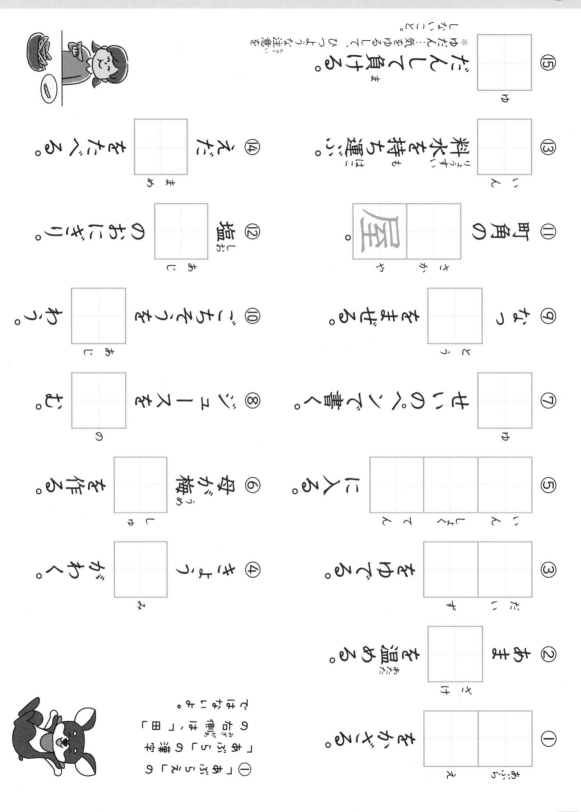

① □をかく。

② □をあたためる。

③ □をゆでる。

④ □がよう。

⑤ □□□にいれる。

⑥ 母が□を作る。

⑦ □のペンで書く。

⑧ ジュースを□む。

⑨ □□□をませる。

⑩ □□いちをさがす。

⑪ 町角の□□や。屋

⑫ 塩の□のおにぎり。

⑬ □水を持ち運ぶ。

⑭ えだ□をたべる。

⑮ □だんして負ける。
※「たん」の気もちをゆるして、ちゅう意しているようすが足りないこと。

① 「あぶら」の漢字の
右側は、「田」の
「あぶら」ではありません。

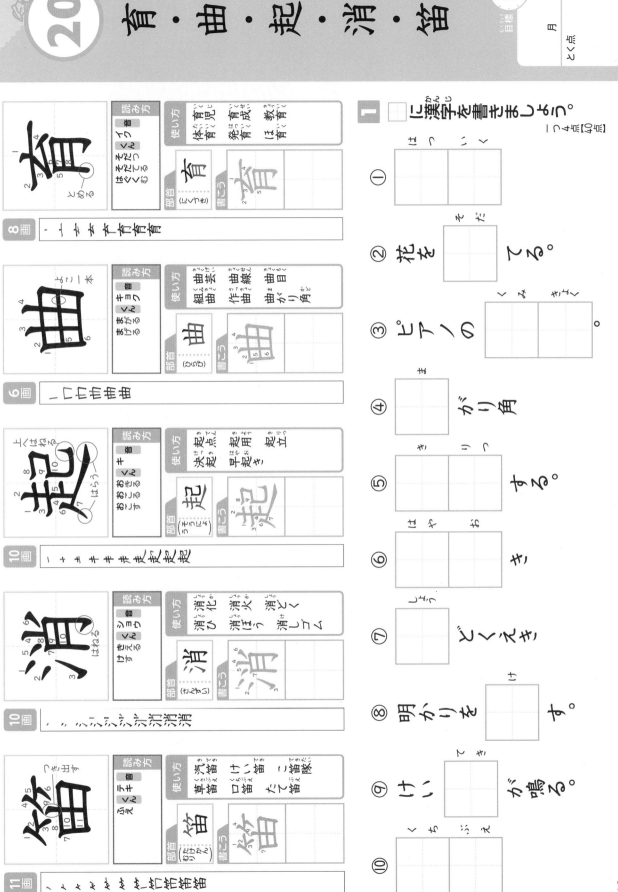

1 □に漢字を書きましょう。
一つ4点【40点】

① は□ つ□ いく

② 花を□だ てる。

③ ピアノの□み □せん く。

④ □ま がり角

⑤ □き □り□ つ する。

⑥ □は や□お き

⑦ □しょう ごくえき

⑧ 明かりを□ す。

⑨ けい□てき が鳴る。

⑩ □く ち□ぶ え

「　」をただしく「　」
① 育てる
② 育る
③ 育る
漢字と送りがなが、どれが正しいかな？

③ ――線の言葉を、漢字と送りがな（　）に書きましょう。　1つ6点【24点】

① 親鳥がひなを<u>はぐくむ</u>。
（　　　　　　　）

② はり金を<u>まげる</u>。
（　　　　　　　）

③ 朝七時に妹を<u>おこす</u>。
（　　　　　　　）

④ ろうそくの火が風で<u>きえる</u>。
（　　　　　　　）

① 「す」「で」の④「だ」は「おん」のうじょうにつくぶんです。
「す（ず）」「す（ず）」とよみます。
上の部分は同じですね。

2 □にあてはまる漢字を書きましょう。　1つ6点【36点】

① □隊のたいちょう。

③ サーカスのにんきもの。

⑤ □う車が走る。

⑥ リレーを□成する。
※「完成」は「できあがる」ことをいいます。

② 電車の□□。
※「駅で…発車します。」

④ □□をつくる。

皮

読み方
音 ヒ
くん かわ

使い方
表皮だ
皮肉く
皮算用
毛皮がわ

部首 皮（かわ）

書こう 皮

5画 ノ アア皮皮

血

読み方
音 ケツ
くん ち

使い方
血行が
出血す
血えき
血管かん

部首 血（ち）

書こう 血

6画 ノ ヽ ㇒ 血血血

指

読み方
音 シ
くん ゆび・さす

使い方
指先で
指定い
指名い
指輪わ
指図ず
指令れい

部首 指（てへん）

書こう 指

9画 一 十 扌 扌 扩 拃 指指指

歯

読み方
音 シ
くん は

使い方
歯車しゃ
前歯まえ
歯医者いしゃ
歯科か
虫歯むし
歯車

部首 歯（は）

書こう 歯

12画 一 ト 止 ᅭ ᅭ ᅭ 쓰 ᅶ 갖 픎 歯歯

鼻

読み方
音 ビ
くん はな

使い方
鼻声ごえ
鼻息いき
鼻歌うた
鼻先さき
鼻血ぢ
鼻紙がみ

部首 鼻（はな）

書こう 鼻

14画 ノ ㇒ 竹 甶 甶 甶 畠 畠 畠 畠 鼻 鼻 鼻鼻

1 □に漢字を書きましょう。
一つ4点【40点】

① ひ ふ

② みかんの かわ 。

③ けつ えきがた

④ 音楽家の ち すじ。

⑤ し 令を受ける。

⑥ ゆび さき

⑦ し か 医院

⑧ 父は は 医者だ。

⑨ はな うた

⑩ はな ごえ

クイズ
「歯」は何画で書くかな？
① 10画
② 11画
③ 12画

2 □にあてはまる漢字を書きましょう。 一つ4点【60点】

① ダイヤの□□

② 動物の□□

③ 犬は□□へ。

④ □□をかける。

⑤ □□がかける。

⑥ 医□になりたい。

⑦ □□がにむ。

⑧ □□を受ける。

⑨ 動物の□□。

⑩ □□かお。

⑪ □□から手が。

⑫ □□が回る。

⑬ □□な話だ。

⑭ 箱入りの□□。

⑮ □□した場所。

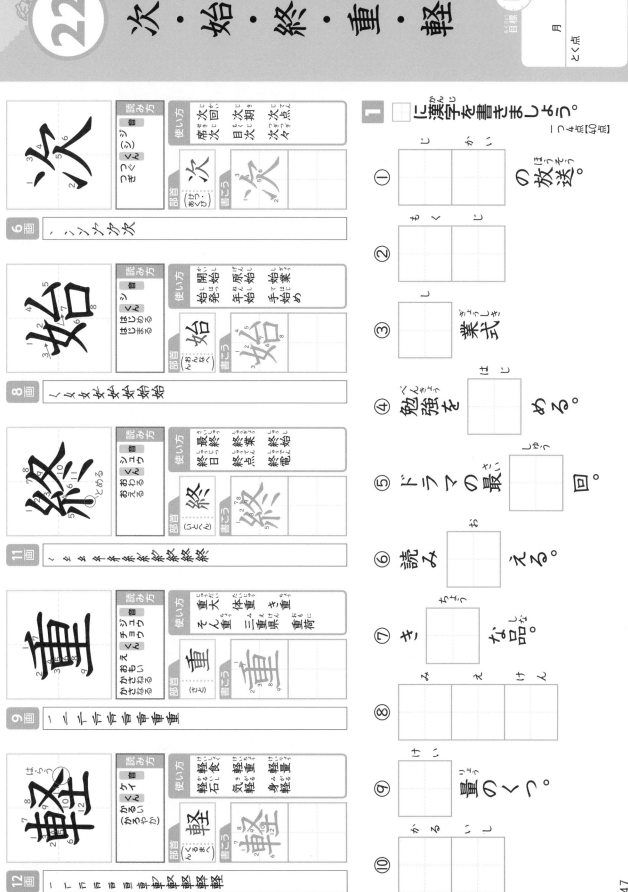

次
6画
読み方　音 ジ（シ）　訓 つぐ・つぎ
使い方　席を次ぐ／次回／目次／次回予告／次の点
部首（あくび）
書きじゅん 次

始
8画
読み方　音 シ　訓 はじめる・はじまる
使い方　始め／開始／発し始め／年始／手始め／始業
部首（おんなへん）
書きじゅん 始

終
11画
読み方　音 シュウ　訓 おわる・おえる
使い方　終わる／最終／終日／終点／終業／終電／始終
部首（いとへん）
書きじゅん 終

重
9画
読み方　音 ジュウ・チョウ　訓 え・おもい・かさねる・かさなる
使い方　重大／そん重／体重／三重県／重箱
部首（さと）
書きじゅん 重

軽
12画
読み方　音 ケイ　訓 かるい・（かろやか）
使い方　軽石／軽食／気軽／軽重／身軽／軽量
部首（くるまへん）
書きじゅん 軽

1　□に漢字を書きましょう。
一つ4点【40点】

① じかい の放送。

② もくじ

③ し業式

④ 勉強を はじ める。

⑤ ドラマの最 しゅう 回。

⑥ 読み おえる。

⑦ きちょう な品。

⑧ みえけん

⑨ けいりょうのくつ。

⑩ かるい

47

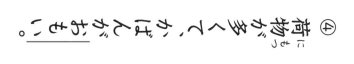

クイズ
「次の部首は、どれかな?」
①〻（にすい）②久（ふゆがしら）③人（ひと）
（けつ・こ）（あくび）（ひと）

3 ──線の言葉を、漢字と送りがな（　）に書きましょう。　【1つ6点/24点】

① 学年集会が<u>はじまる</u>。
（　　　　　）

② 大会が無事に<u>おわる</u>。
（　　　　　）

③ 油は水より<u>かるい</u>。
（　　　　　）

④ 荷物が多くて、かばんが<u>おもい</u>。
（　　　　　）

2 □にあてはまる漢字を書きましょう。　【1つ6点/36点】

① □□ を取る。

② □□ の電車。

③ □□ の試合は来週だ。

④ □□ のバスの電車。

⑤ □□ な事だけん。

⑥ 期 □ の委員長になる。

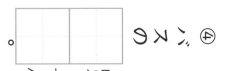

③「ハ」、⑥「き」は、同じ漢字だよ。

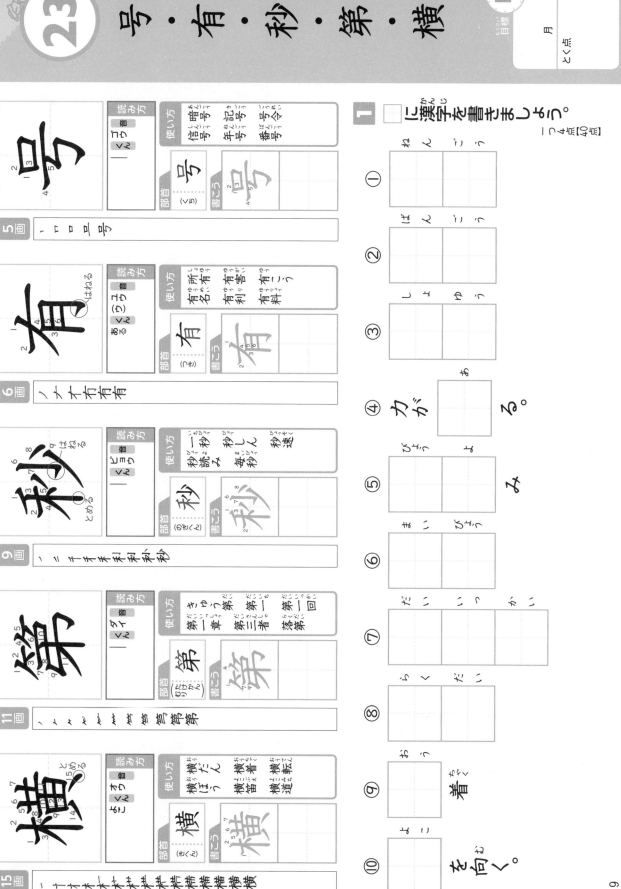

23 号・有・秒・第・横

1 □に漢字を書きましょう。

一つ4点【40点】

① ［ねん　ごう］

② ［ばん　ごう］

③ ［し　ょゆう］

④ カ［　お　］がる。

⑤ ［びょう　よ　　み］

⑥ ［まい　びょう］

⑦ ［だい　いっ　かい］

⑧ ［らく　だい］

⑨ ［おう　　着　ちゃく］

⑩ ［よ　こ　］を向く。

号 5画 一口口号号

有 6画 ノナオ有有有

秒 9画 一二千千禾利利和秒

第 11画 一ノノトケケケ竺竺第第第

横 15画 一十十才才木杧杧杧杧横横横横横

49

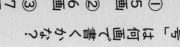
2

□にあてはまる漢字を書きましょう。

【1つ4点/60点】

① 安全（あんぜん）な □（ち）□（い）だ。

② 暗 □（ごう）を □（と）く。

③ □（ほ）□（う）ならぶ
※おうおうにして、こうこうになりますので、おきをつけください。

④ 一分は六十 □（びょう）だ。

⑤ かぜに □（き）く薬。

⑥ □（と）□（なえ）の □（い）に立つ。

⑦ 時計の □（しん）。

⑧ □（だい）□（じ）□（し）の意見。
※だいじしゃ……とは、かんけいのない人。

⑨ 先生の □（し）じ。

⑩ □（ゆ）□（う）害な書き物し。

⑪ 五メートル □（そう）□（ば）進む
※すすむ、まえに……でも、いっぱんてきだ。

⑫ 赤信 □（ごう）で止まる。

⑬ □（おう）だん歩道をわたる。

⑭ 赤信 □（し）□（ごう）で止まる。

⑮ □（だい）点を取る
※なにゆえか……とにかくとても大切だ。

①の「□」の「□」は「□」と「□」の形で気がつきにくいから気をつけよう。

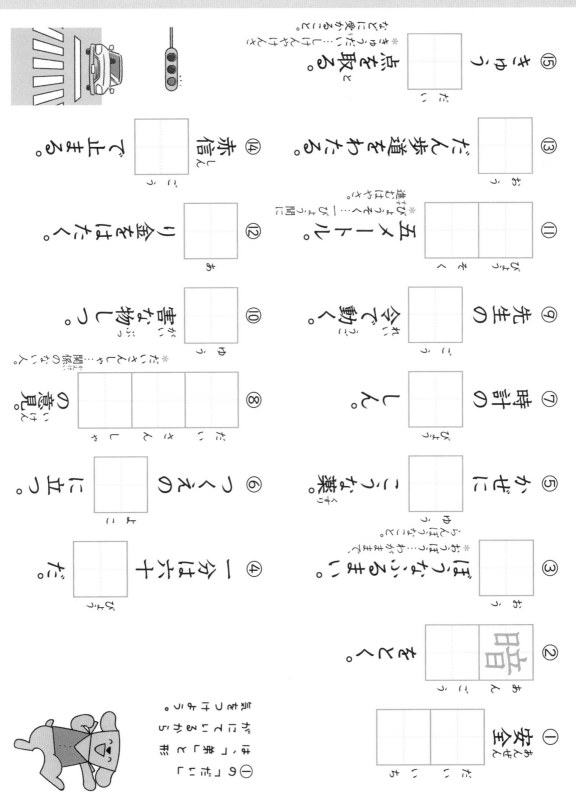

名前

1 □にあてはまる漢字を書きましょう。　1つ4点【32点】

① 地図の［きごう］。

② ［いみ］を調べる。

③ 時計で十［びょう］を計る。

④ ［とう］ふを食べる。

⑤ いま［あぶら］で調理する。

⑥ ［こんちゅう］の水を買う。
＊こんちゅう…のむ
ために使うこと。

⑦ ［ゆうめい］な画家の絵。

⑧ ［たいいく］のじゅ業。

2 ——線の言葉を、漢字と送りがなで（　）に書きましょう。　1つ4点【12点】

① くぎがまがる。　　（　　　　　）

② 事けんがおきる。　（　　　　　）

③ 北岳は、富士山についで高い山だ。　（　　　　　）

5 □に同じ読み方でいみのちがう漢字を書きましょう。 【1つ4点/24点】

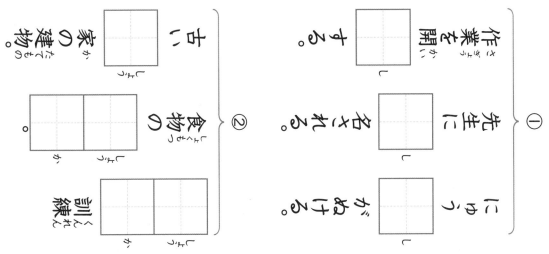

①
作業を開□く。

先生に□う。

□する。

□される。

□がねる。

②
古□い。

食物の□□。

家の建□物。

4 ——線の漢字の読みがなを書きましょう。 【1つ4点/24点】

①
体重計に乗る。
（　　）

年月を重ねる。
（　　）

人に命を重する。
（　　）

②
酒のびんがわれる。
（　　）

駅前の酒場。
（　　）

地元名産の清酒。
（　　）

3 ——線の漢字の読みがなを書きましょう。 【1つ4点/8点】

① 鼻血が出る。
（　　）

② 横笛をふく。
（　　）

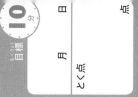

25 泳・波・岸・流・湖

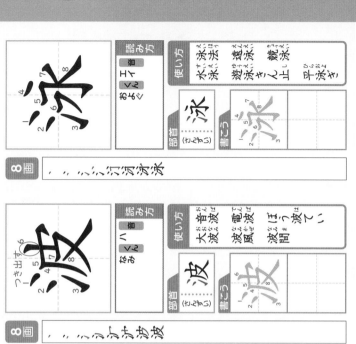

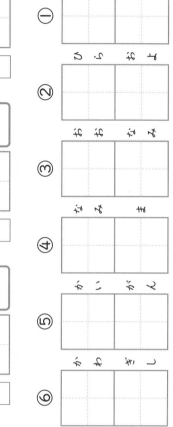

泳 8画 読み方 音エイ 訓およ(ぐ)
部首 氵(さんずい)
使い方 水泳 遠泳 競泳 平泳ぎ 遊泳 泳法 泳ぎ止い

波 8画 読み方 音ハ 訓なみ
部首 氵(さんずい)
使い方 大波 電波 風波 波間 音波 波止場 波て

岸 8画 読み方 音ガン 訓きし
部首 山(やま)
使い方 両岸 海岸 川岸 岸辺 対岸 岸壁

流 10画 読み方 音リュウ(ル) 訓なが(れる) なが(す)
部首 氵(さんずい)
使い方 流れ出す 上流 合流 氷水流 流れ星 流行

湖 12画 読み方 音コ 訓みずうみ
部首 氵(さんずい)
使い方 湖岸 湖水 湖面 湖底 琵琶湖

1 □に漢字を書きましょう。
一つ4点【40点】

① すい えい

② ひら お ぎ

③ おお なみ

④ なみ ま

⑤ か がん

⑥ かわ ぎし

⑦ りゅう こう

⑧ なが れ 星

⑨ 琵琶 こ

⑩ 白鳥の みずうみ 。

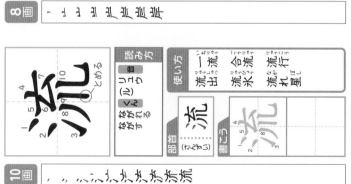

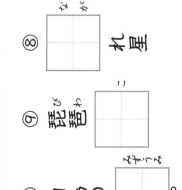

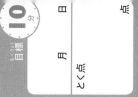目標 10分

月 日 とく点 点

53

クイズ
「湖」の部首は、どれかな？
① 氵
② 古
③ 月

3 ——線の言葉を、漢字と送りがなで（　）に書きなさい。 1つ5点【10点】

① プールで二十五メートルおよぐ。
（　　　　　　）

② 教室に音楽がながれる。
（　　　　　　）

2 □にあてはまる漢字を書きましょう。 1つ5点【50点】

① 川が

する。

③ ラジオの

へ。

⑤ 辺に
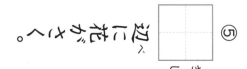
花がさく。

⑦
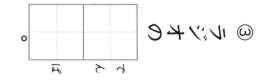
のホテル。

⑨ はんの宿にとまる。
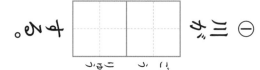

⑩

にわかれる。

② 先生に
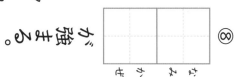
＊「法」のいちばん上の部分は「さんずい」ではなく、「 ゝ 」になっているので気をつけてね。
法をならう。

④ 底に
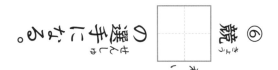
にする。
すんだ村。

⑥ 競
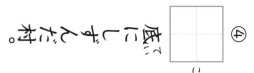
の選手になる。

⑧

が強まる。

54

委・員・級・係・童

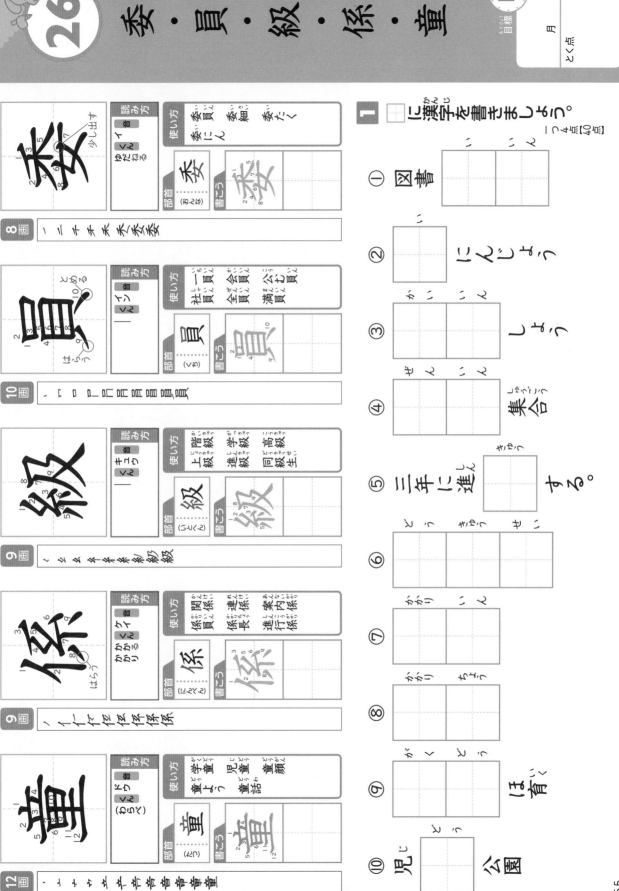

委
少し出す
読み方
音 イ
訓 ゆだねる
使い方　委員　委細　委託
部首（おんなへん）
書き方
8画　一二チチ矛委委委

員
読み方
音 イン
訓 はらう／とめる
使い方　社員　会員　全員　公員　満員
部首（くち）
書き方
10画　一口口口戸戸胃胃員員

級
読み方
音 キュウ
使い方　上級　階級　進級　学級　同級生　高級
部首（いとへん）
書き方
9画　く幺幺糸糸糸糸級級

係
読み方
音 ケイ
訓 かかる／かかり
使い方　関係　係員　連係　係長　案内係　進行係
部首（にんべん）
書き方
9画　ノイイ伫伫係係係

童
読み方
音 ドウ
訓 わらべ
使い方　学童　童子　児童　童話　童顔
部首（たつ）
書き方
12画　一十十十立产音音音童童童

1 □に漢字を書きましょう。　一つ4点【40点】

① 図書 [　][　]

② [　] にんじょう

③ [　][　] しよう

④ [　][　] 集合

⑤ 三年に進 [　] する。

⑥ [　][　][　]

⑦ [　][　]

⑧ [　][　]

⑨ [　][　] は育く

⑩ 児じ [　] 公園

55

3 ——線の言葉を、漢字と送りがな（　）に書きましょう。 1つ6点【12点】

① ほんだんはんは長にゆだねる。

（　　　　　　）

② 生死にかかわる問題が起きる。

（　　　　　　）

2 □にあてはまる漢字を書きましょう。 1つ6点【48点】

① □□文庫の本。

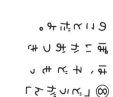

② クラスの□□。

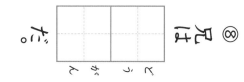

③ 関□□者が集まる。

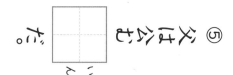

④ □□を歌う。

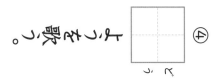

⑤ 父は□□だ。

⑥ 仕事を□□する。

⑦ □□生と遊ぶ。

⑧ 兄は□□だ。

⑧「じゅう」は、「中」ではありません。「　　」とまちがえないようにしましょう。

56

もくひょう 目標 10分

月 日 点
とく点

仕

読み方
音 シ（ジ）
訓 つか-える

使い方
仕上げ
仕事
ほう 仕う
仕送り
仕組み

部首 （にんべん）

書こう 仕

5画 ノ 亻 亻 什 仕

事

読み方
音 ジ（ズ）
訓 こと

使い方
工事
食事
事こ
事が
ら
出来事
事典

部首 （はねぼう）

書こう 事

8画 一 一 亡 亘 写 写 事 事

畑

読み方
音 ―
訓 はた
はたけ

使い方
畑仕事
田畑
花畑
畑作
茶畑

部首 （た）

書こう 畑

9画 丶 ソ 少 火 灯 畑 畑 畑

農

読み方
音 ノウ
訓 ―

使い方
農場
農家
農地
農業
農薬
農の作物

部首 （しんのたつ）

書こう 農

13画 一 冂 冂 曲 曲 芇 芇 芇 芇 農 農 農 農

業

読み方
音 ギョウ（ゴウ）
訓 わざ

使い方
工業
休業
始業
業界
業者
業せき
じゅ業

部首 （き）

書こう 業

13画 一 リ 以 业 半 芈 芈 芈 芈 芈 業 業 業

---

1 □に漢字を書きましょう。
一つ4点【40点】

① □□ [し][あ]げ

② どの様に □[つか]える。

③ 百科 □[じ]典。

④ 大切な □□[こと]がら。

⑤ □□□ [た][はた][だ]

⑥ □□□ [はたけ][し][ごと]

⑦ □□ [のう][ぎょう]

⑧ □[のう]薬をまく。

⑨ □□せい品 [こう][ぎょう]

⑩ □じゅ [ぎょう]

57

クイズ

「 」にあてはまる漢字と送りがなで書いて、ただしいかな？

① 仕かえる
② 仕える
③ 仕る

---

2 □にあてはまる漢字を書きましょう。　一つ4点【60点】

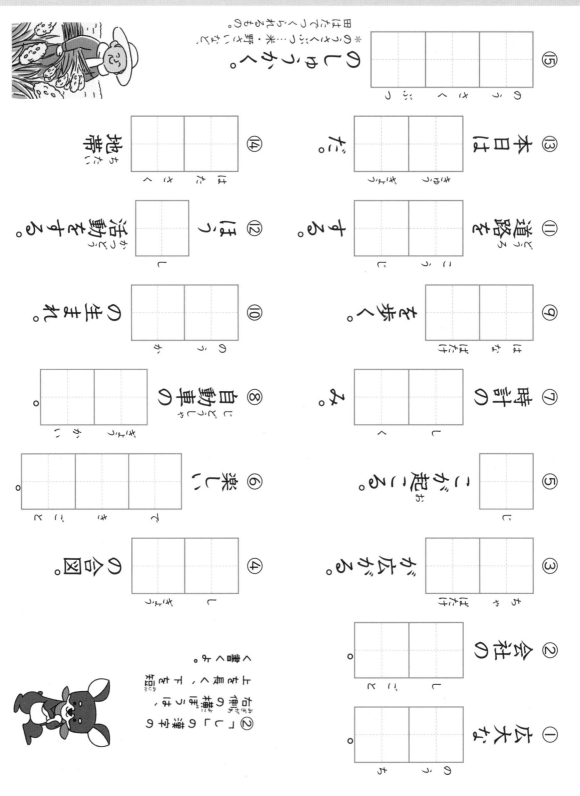

① 広大な□□。

② 会社の□□。

③ □□が広がる。

④ □□の合図。

⑤ □がいたい。

⑥ 楽□□く。

⑦ 時計の□□み。

⑧ 自動車の□□。

⑨ □□を歩く。

⑩ □□の生まれ。

⑪ 道路を□□する。

⑫ □つ活動をする。

⑬ 本日は□□だ。

⑭ □□地帯に

⑮ □□□か。
＊田の米や畑の野さいなどをつくる人。

（左下のイラストの説明）
漢字の②「 」の右側を、様の木へんのように下を長く、「 」はしっかり短く書くよ。

もくひょう 目標 10分

月　日　点
とく点

礼
上をはねる
読み方　音 レイ　ライ
使い方　失礼・金礼・朝礼・礼じょう・礼服
部首（しめすへん）
書くところ 礼
5画　` ？ オ ネ 礼

神
とめる
読み方　音 シン ジン　訓 かみ（こう）
使い方　せ神け・神じ・神社・神び・神様話
部首（しめすへん）
書くところ 神
9画　` ？ オ ネ 初 和 神 神 神

様
読み方　音 ヨウ　訓 さま
使い方　多様・子様・王様・同様・み様・様式・様子
部首（きへん）
書くところ 様
14画　一 十 オ 木 杉 栌 栏 栏 栏 样 样 样 様

宮
読み方　音 キュウ グウ ク　訓 みや
使い方　王宮・お宮参り・宮中・宮崎県・宮でん
部首（うかんむり）
書くところ 宮
10画　` ` 宀 宁 宁 宁 宮 宮 宮 宮

祭
はねる
読み方　音 サイ　訓 まつる・まつり
使い方　文化祭・祭日・祭典・夏祭り・祭礼・ひな祭り・祭り
部首（しめす）
書くところ 祭
11画　` ク タ タ タ 祭 祭 祭 祭 祭

１ □に漢字を書きましょう。
一つ4点【40点】

① しつ □れい な発言。

② □れい ぎ正しい人。

③ □しん □わ を読む。

④ □かみ □さま

⑤ □よう □す

⑥ みな □さま

⑦ □おう □きゅう の庭に。

⑧ □みや 崎県。

⑨ □さい □じつ

⑩ □なつ □まつ り）

59

クイズ
「神」を「かみ」と読むのは、どれかな？
① 神話　② 神社　③ 神様

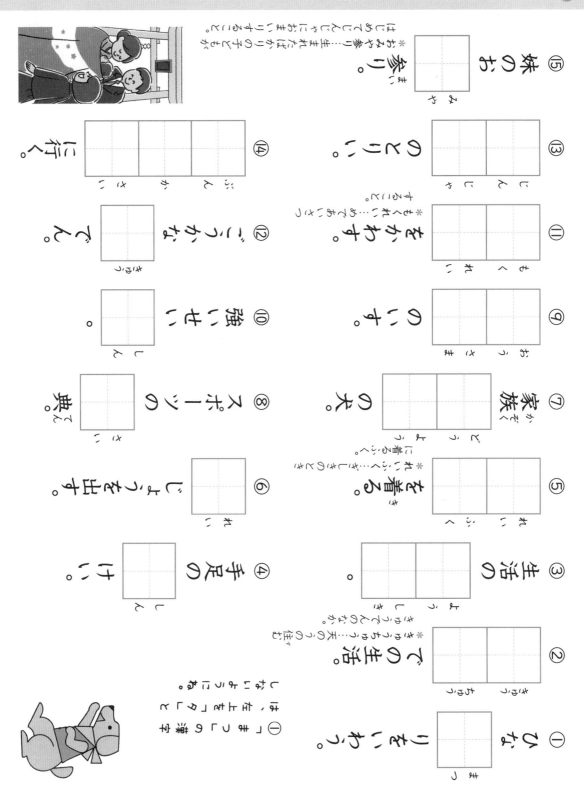

2 □にあてはまる漢字を書きましょう。

① ひ□りをになう。

② □□での生活。

③ 生活の□□。

④ 手足の□し。

⑤ □□を着る。

⑥ □□し□を出します。

⑦ 家族で□□。

⑧ スポーツの□□。

⑨ □□す。

⑩ 強い□□し。

⑪ □□をさがす。

⑫ □いかいな□□。

⑬ □□のひとこに。

⑭ □□□に行く。

⑮ 妹のお□□。

【得点　/60点】 4年生

予・想・期・待・短

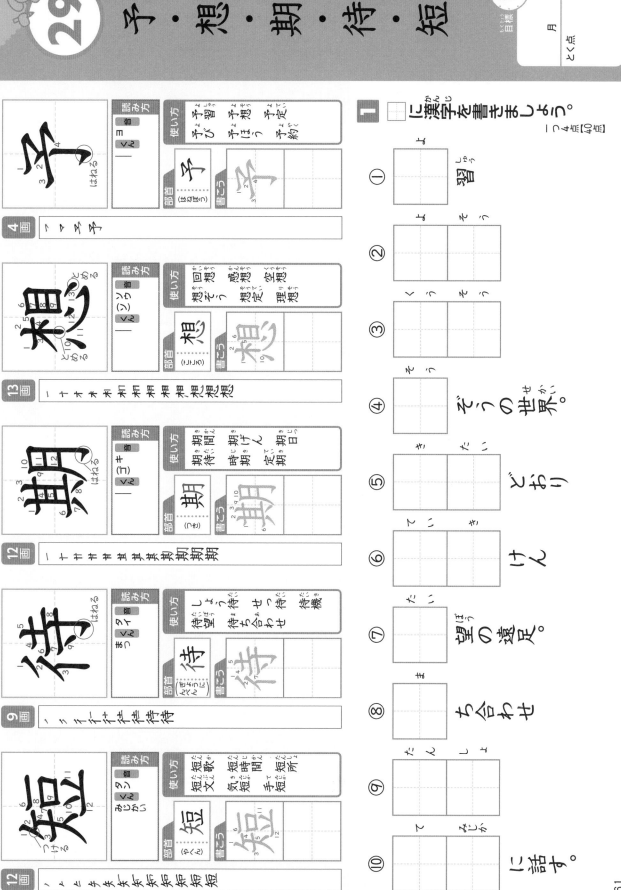

予

読み方
音 ヨ
訓

使い方
予習
予想
予定
予び
予ほう
予約

部首（はねぼう）

4画 ⁊ ⁊ 予予

想

読み方
音 ソウ
訓

使い方
想ぞう
回想
感想
空想
想定
理想

部首（こころ）

13画 一 十 オ オ 村 村 村 相 相 相 想 想 想

期

読み方
音 キ ゴ
訓

使い方
期間
期待
時期
期げん
定期
期日

部首（つき）

12画 一 十 廿 甘 甘 其 其 其 期 期 期 期

待

読み方
音 タイ
訓 まつ

使い方
待し
待望
待ち合わせ
待ち合わせ
待機

部首（ぎょうにんべん）

9画 ⁊ ⁊ ⁊ ⁊ 什 什 往 待 待

短

読み方
音 タン
訓 みじかい

使い方
短文
短歌
気短
時間が短い
手短
短所

部首（やへん）

12画 ⁊ ⁊ 七 矢 矢 矢 矢 矢 知 短 短 短

---

1 □に漢字を書きましょう。

一つ4点【40点】

① □ しゅう 習

② □ □ そう

③ □ く □ そう

④ □ そう の世界。

⑤ □ □ どおり

⑥ □ □ けん

⑦ □ たい 望の遠足。

⑧ □ ま ち合わせ

⑨ □ たん □ しょ

⑩ □ て □ みじか に話す。

「みじかい」を漢字と送りがなで書くとき、どれが正しいかな？
① 短い
② 短かい
③ 短じかい

答え ○ 109ページ

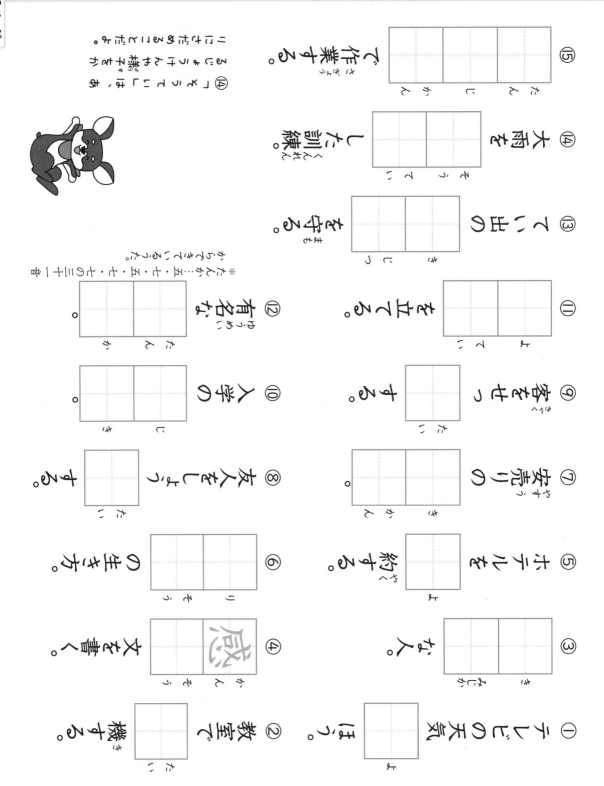

2 □にあてはまる漢字を書きましょう。 1つ4点【60点】

① テレビの天気 □□ 〈よ・ほう〉。
② 教室で □□ 〈たい・き〉 する。
③ □□ な □□ 。
④ 感 □ 〈そう〉 文を書く。
⑤ ホテルを □□ 〈よ・やく〉 する。
⑥ □□ 〈り・そう〉 の生き方。
⑦ 安売りの □□ 〈き・かん〉 。
⑧ 友人を □□ 。
⑨ 客を □□ 。
⑩ 入学の □□ 〇
⑪ □□ 〈よ・てい〉 を立てる。
⑫ 有名な □□ 〈たん・か〉 〇

　*短歌は、五・七・五・七・七の三十一音からできています。

⑬ □の □ い出しを守る。
⑭ 大雨を □□ 〈よ・そう〉 した訓練。

⑭「よそう」は、「こうなるだろう」とまえもって考える様子を言います。

⑮ □□□ 〈たん・じ・かん〉 で作業する。

1 □にあてはまる漢字を書きましょう。

1つ4点【32点】

① 海で^{およ}□□ぐ。

② ^{ほうそう}放送□□□

③ 公園で^{ともだち}友達を□□つ。

④ 船が□□に着く。

⑤ そ先のれいを□□る。

⑥ □□な生物。

⑦ ^{しょくひん}食品のしょう味□□げん。

⑧ ^{たいいく}体育のじゅ□□を受ける。

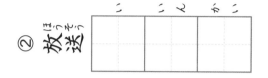

2 ──線の言葉を、漢字と送りがなで（　）に書きましょう。

1つ4点【12点】

① 国王に<u>つかえる</u>。　（　　　　　）

② シャワーで、あせを<u>ながす</u>。　（　　　　　）

③ しほがみじかいねじをかう。　（　　　　　）

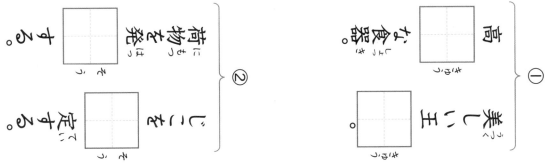

⑤ □に同じ読み方で意味のちがう漢字を書きましょう。 【1つ5点 20点】

① 高□(しょう)な食器。
　美しい王□(じょ)。

② 荷物を発□(そう)する。
　□(そう)いを定する。

④ □に同じ部首の漢字を書きましょう。 【1つ4点 24点】

① 月曜日は朝□(れい)がある。
　ちゅう□(しん)のび。

② 港の□(そ)ば。
　□(じ)面に山がつく。

③ □(よ)びのお金を持つ。
　朝の食□(じ)は大切だ。

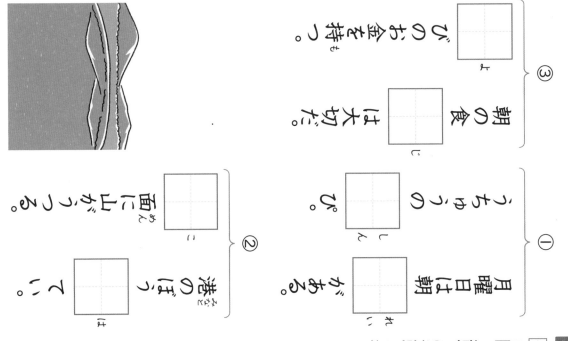

③ ――線の漢字の読みがなを書きましょう。【1つ3点 12点】

① 田畑をたがやす。（　　　）

② 連たいレーで勝つ。（　　　）

③ 童話を読む。（　　　）

④ 農場でくらす。（　　　）

もくひょう 目標 10分

月　日　点

とく点

医

読み方
音 イ
訓 ―

使い方
校医
歯科医
医者
医学
医院
名医

部首 匚（かくしがまえ）

書こう 医

7画　一　ｱ　ｧ　ｧ　匡　医

おさ（る）

病

読み方
音 ビョウ（ヘイ）
訓 や（む）（やまい）

使い方
病気
病院
病名
病弱
病人
てんねん病

部首 疒（やまいだれ）

書こう 病

10画　一　ｽ　ｽ　ｽ　疒　疒　病　病　病　病

は（ねる）

院

読み方
音 イン
訓 ―

使い方
病院
入院
寺院
通院
大学院
院長

部首 阝（こざとへん）

書こう 院

10画　ｱ　ｱ　ｱ　阝　阝　阸　阸　院　院

は（ねる）

薬

読み方
音 ヤク
訓 くすり

使い方
薬品
薬草
薬屋
薬局
消薬
指薬

部首 艹（くさかんむり）

書こう 薬

16画　一　ｰ　十　ﾅ　ﾅ　ﾅ　ﾅ　苗　莖　莖　葷　薬　薬　薬

局

読み方
音 キョク
訓 ―

使い方
局長
テレビ局
局地的
結局
局面
局所

部首 尸（しかばね）

書こう 局

7画　ㄱ　ㄱ　尸　局　局　局　局

は（ねる）

---

1 □に漢字を書きましょう。

一つ4点【40点】

① い　か

② し　か　い

③ びょう

④ びょう　し

⑤ い　ちょう

⑥ にゅう　いん

⑦ や　く　ひ　ん　を買う。

⑧ かぜ　ぐすり　を飲む。

⑨ きょく　しょ　まずい
＊きょく……体のこちら……部分。

⑩ テレビ　きょく

65

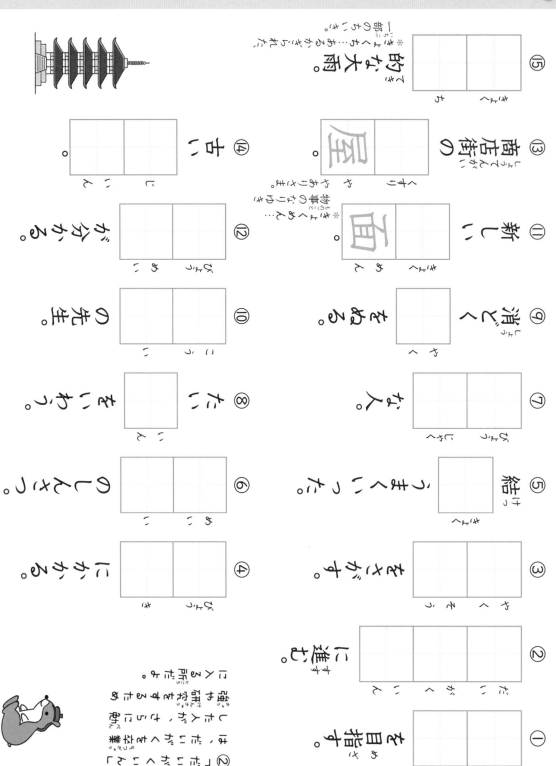

クイズ
「薬」は何画で書くかな？
① 15画 ② 16画 ③ 17画

2 □にあてはまる漢字を書きましょう。 【4つ】[50点]

① □□ を目指す。

② □□ に進む。

③ □□ を広げる。

④ □□ にかかる。

⑤ 結□□ をさがす。

⑥ □□ のしょく。

⑦ □□ な人。

⑧ □□ を□にかう。

⑨ 消しとうをぬる。

⑩ □□ の先生。

⑪ 新しい □面。
※物事のはじまること…

⑫ □□ が分かる。

⑬ 商店街の □屋。

⑭ □□ い。

⑮ □□ 的な大雨。
※一部のところにあるかないかで…

32　急・乗・進・運・転

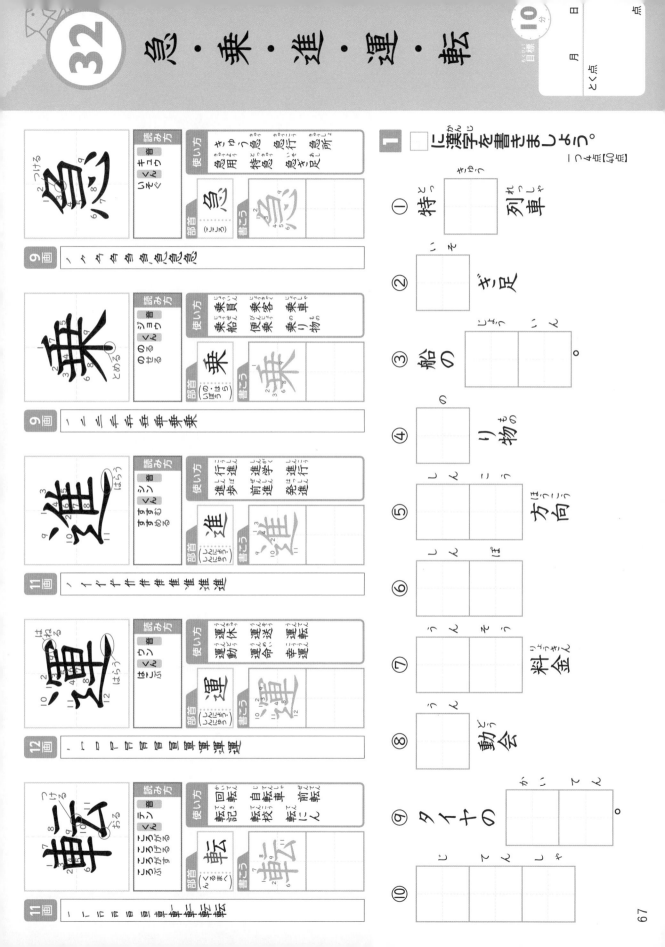

急
読み方：音 キュウ｜訓 いそ（ぐ）
使い方：急（きゅう）用（よう）・特急（とっきゅう）・急行（きゅうこう）・急（きゅう）ぎ足（あし）・急所（きゅうしょ）
部首：こころ（心）
9画　'ノ ケ ケ ケ 刍 刍 急 急 急

乗
読み方：音 ジョウ｜訓 の（る）・の（せる）
使い方：乗客（じょうきゃく）・乗員（じょういん）・便乗（びんじょう）・船（ふな）乗（の）り・乗（の）り物（もの）・乗車（じょうしゃ）
部首：の（ノ）
9画　' 一 二 干 丘 乒 乖 垂 乗

進
読み方：音 シン｜訓 すす（む）・すす（める）
使い方：進歩（しんぽ）・行進（こうしん）・前進（ぜんしん）・進学（しんがく）・発進（はっしん）・進行（しんこう）
部首：しんにょう
11画　' イ イ 亻 伫 什 隹 隹 准 進 進

運
読み方：音 ウン｜訓 はこ（ぶ）
使い方：運動（うんどう）・運休（うんきゅう）・運送（うんそう）・運命（うんめい）・幸運（こううん）・運転（うんてん）
部首：しんにょう
12画　' 冖 冖 冖 官 宣 宣 軍 軍 運 運 運

転
読み方：音 テン｜訓 ころ（がる）・ころ（げる）・ころ（がす）・ころ（ぶ）
使い方：転記（てんき）・回転（かいてん）・転校（てんこう）・自転車（じてんしゃ）・転（ころ）ぶ・前転（ぜんてん）
部首：くるまへん（車）
11画　' 一 戸 日 旦 車 車 転 転 転 転

1 □に漢字を書きましょう。
一つ4点【40点】

① 特（とっ）□□列（れっ）車（しゃ）

② □□ぎ足（あし）

③ 船（ふな）□□の□□○

④ □□り物（もの）の

⑤ 方（ほう）□□向（こう）

⑥ □□□□

⑦ 料（りょう）金（きん）□□□□

⑧ □□動（どう）会（かい）

⑨ タイヤの□□□□○

⑩ □□□□□□

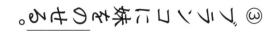

クイズ

「ころ□」を漢字と送りがなで書くと、どれが正しいのかな？

① 転ろげる
② 転がる
③ 転る

---

3 ——線の言葉を、漢字と送りがな（　）に書きましょう。【一つ8点】

① 帰り道をいそぐ。
（　　　　　）

② 足なみをそろえてすすむ。
（　　　　　）

③ ブランコに体をあずける。
（　　　　　）

「④〜⑥の漢字は、書く順じょに気をつけてね。」

---

2 □にあてはまる漢字を書きましょう。【一つ4点】

① 安全（あんぜん）な
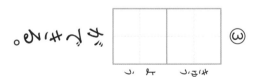
うんてん。

②

せいと生が来る。

③

ねだんがさがる。

④ バスの
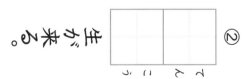
うんてん。

⑤ 列車（れっしゃ）が
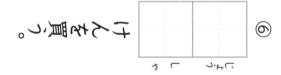
はっしゃする。

⑥

じょうしゃけんを買う。

⑦ 車が

ていしする。

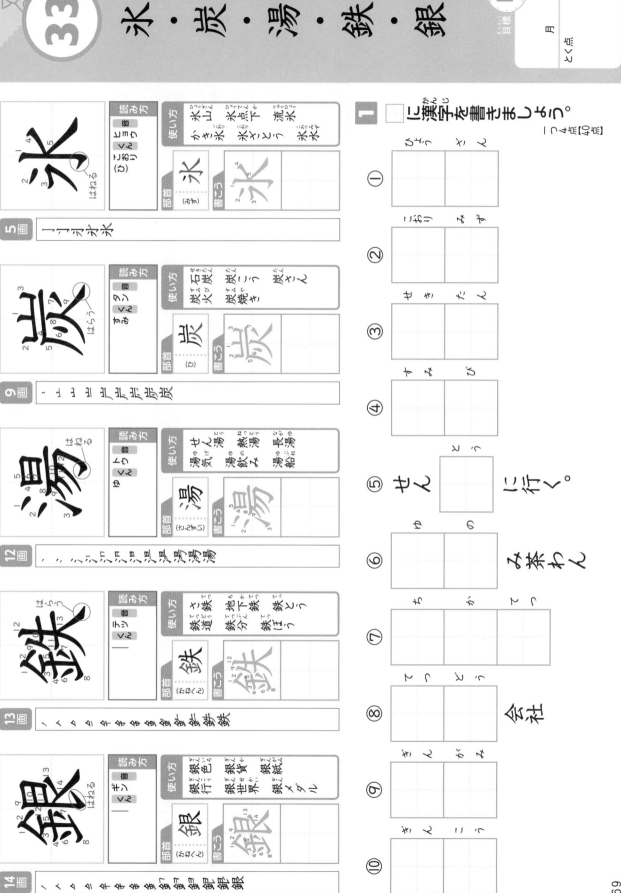

氷

読み方
音 ヒョウ
訓 こおり・(ひ)

使い方
ひょうざん 氷山
かき氷
ひょうてん下 氷点下
りゅうひょう 流氷

部首 (みず)

5画 一丁丁刃氷

炭

読み方
音 タン
訓 すみ・(はい)

使い方
せきたん 石炭
火ばち炭火
すみ焼き 炭焼き
たんこう 炭こう
たんさん 炭さん

部首 (ひ)

9画 一ナ炭炭炭炭炭炭炭

湯

読み方
音 トウ
訓 ゆ・(はねる)

使い方
ゆげ 湯気
ゆの熱湯
ゆ飲み 湯飲み
ねつとう 熱湯
ゆ長ながゆ 湯船

部首 (さんずい)

12画 氵氵氵汨汩湯湯湯湯湯

鉄

読み方
音 テツ
訓 (はねる)

使い方
てつどう 鉄道
ち地下鉄
てつ分 鉄分
てっぽう 鉄ぼう

部首 (かねへん)

13画 ノ人ム今争全金金金釒釒鉄

銀

読み方
音 ギン
訓 (はねる)

使い方
ぎん色 銀色
ぎんこう 銀行
ぎん世界 銀世界
ぎんか 銀貨
ぎんメダル 銀メダル
ぎん紙 銀紙

部首 (かねへん)

14画 ノ人ム今争全金金釒釒鉬鉬銀銀

1 □に漢字を書きましょう。
一つ4点【40点】

① ひょう｜ざん

② こおり｜みず

③ せき｜たん

④ すみ｜び

⑤ せん□とう に行く。

⑥ ゆ｜の み茶わん

⑦ ち｜か｜てつ

⑧ てつ｜どう 会社

⑨ ぎん｜がみ

⑩ ぎん｜いろ

69

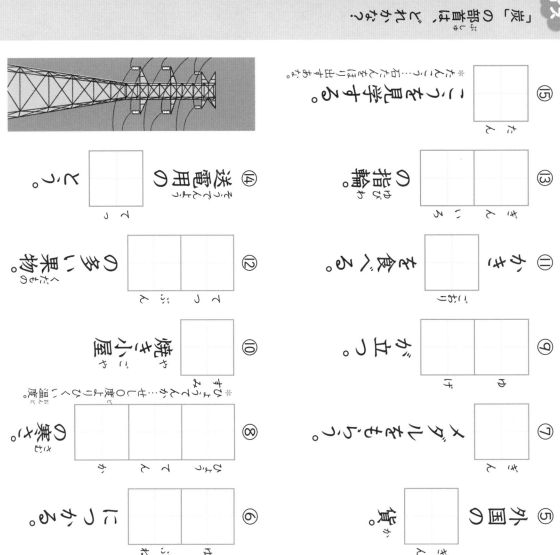

クイズ
「炭」の部首は、どれかな？
① 山（やま） ② 「（がんだれ） ③ 火（ひ）

---

2 □にあてはまる漢字を書きましょう。 （1もん4てん【ぜんぶで60てん】）

① □□のCDをきく。（おん）

② □□であそぶ。（て…）

③ 熱□□に注意（ちゅうい）する。（ねっ…とう）

④ □□飲料（いんりょう）を飲む。（たん）

⑤ 外国の□貨。（か）

⑥ □□につかる。（ゆ…ね）

⑦ メダルを□□。（き…）

⑧ □□□の寒（さむ）さ。（ひょう…てん…か）
*□…いっしゅんで０℃より温度（おんど）がひくくなったりすること…すんか…

⑨ □□が立（た）つ。（ゆ…げ）

⑩ 焼（や）き□小屋（ごや）。（すみ）
*□…すみ…

⑪ □□を食（た）べる。（おい…）

⑫ □□の多（おお）い果物（くだもの）。（て…ぶん）

⑬ □□の指輪（ゆびわ）。（ぎ…ん）

⑭ 送電用（そうでんよう）の□□。（て…とう）

⑮ □□を見学（けんがく）する。（たい…）
*□…右（みぎ）がわにたてぼうをわすれないようにね。

① 「いち」の漢字「一」は、1画目が「一」です。

研

研
左へはらう

読み方
音 ケン
（とぐ）

使い方
研究 けんきゅう
研しゅう

部首 石（いしへん）
書こう 研

9画　一 ァ 丆 石 石 石 研 研

究

まげる
はねる

読み方
音 キュウ
（きわめる）

使い方
追究 ついきゅう
究明 きゅうめい
研究 けんきゅう
究極 きゅうきょく

部首 究（あなかんむり）
書こう 究

7画　丶 丶 宀 宀 空 宇 究

章

読み方
音 ショウ

使い方
第一章 だいいっしょう
記章 きしょう
文章 ぶんしょう
校章 こうしょう
わん章 わんしょう

部首 章（たつ）
書こう 章

11画　丶 丶 亠 立 立 产 音 音 音 章 章

漢

読み方
音 カン

使い方
漢文 かんぶん
悪漢 あっかん
漢字 かんじ
漢詩 かんし
漢方 かんぽう
漢和 かんわ

部首 漢（さんずい）
書こう 漢

13画　丶 丶 丶 氵 汁 汁 浐 浐 洋 漢 漢 漢 漢

詩

はねる

読み方
音 シ

使い方
詩人 しじん
作詩 さくし
詩集 ししゅう
詩的 してき
風物詩 ふうぶつし

部首 詩（ごんべん）
書こう 詩

13画　丶 亠 亠 言 言 言 詩 詩 詩 詩

---

1 □にかん字を書きましょう。
一つ4点【40点】

① ［けん］［きゅう］所 じょ

② 社員 しゃいん ［けん］［しゅう］

③ ［きゅう］極 きょくの味 あじ。

④ 真理 しんりのたん ［きゅう］。

⑤ ［くん］［しょう］

⑥ ［ぶん］［しょう］を書く。

⑦ ［かん］［じ］

⑧ ［かん］［ぶん］
＊かん国 こく…昔 むかしから使 つかってきた、日本 にほんやかん国 こくで、使 つかう中 なか文 ぶんの文 しょう。

⑨ 天 てん才 さい［し］［じん］

⑩ 風 ふう物 ぶつ［し］
＊風物 ふうぶつ…その季 きせつの感 かんじを表 あらわしている、物 ものごと。

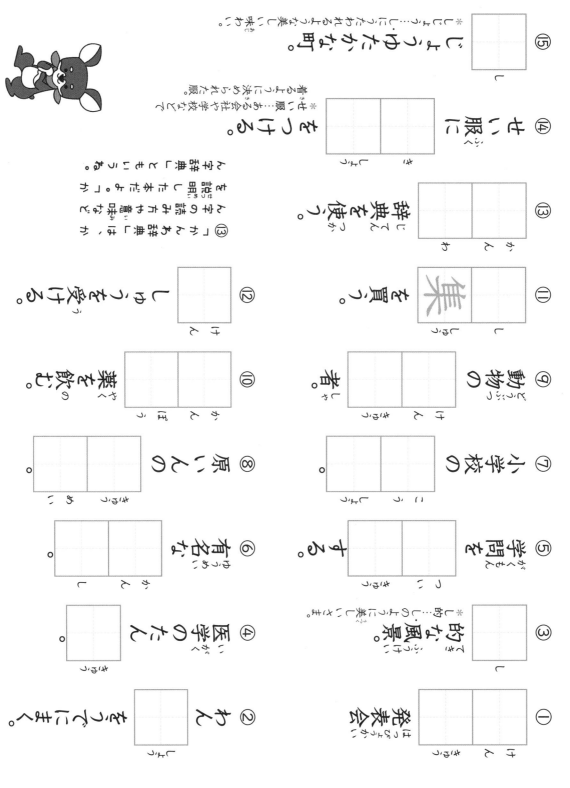

答え ➡ 109ページ

クイズ

部首「言（ごんべん）」の意味は、どれかな？
① はくしゅ
② てへん
③ おと

2 □にあてはまるかん字を書きましょう。

四年生【漢字】

① 発表会（はっぴょうかい）で□□をする。

② □□（わ・しつ）。

③ □的（てき）な風景（ふうけい）。
＊□的な…とても美しいようす。

④ 医学（いがく）の□□（はか・せ）。

⑤ 学問（がくもん）を□□する。

⑥ 有名（ゆうめい）な□□（が・か）。

⑦ 小学校（しょうがっこう）の□□（こう・か）。

⑧ 原（げん）□□（いん・めい）。

⑨ 動物（どうぶつ）の□□者（しゃ）。

⑩ □□（かん・ぽう）の薬（くすり）を飲む。

⑪ □集（しゅう）を買う。

⑫ □□（し・けん）を受ける。

⑬ □□辞典（じてん）を使う。
＊□□辞典…漢字の読みや意味などを調べる辞典。「漢和辞典」を引く。漢字の読みや意味などを調べる辞典のこと。

⑭ せい服（ふく）に□□（き・しょう）をつける。
＊せい服に…決まる会社や学校などで着るように決められた服など。

⑮ □□（し・ぜん）ゆたかな町。
＊□□…むかしからつくられてきたよう。また、あるがままの美しい味わい。

目標 10分

月　日　点

とく点

具

はなす｜音 グ　訓 グ

使い方
家具
絵の具
文ぼう具
雨具
具合い

部首 八（はち）
書こう 具

8画　一　口　月　目　旦　具　具

板

バン｜音 ハン　訓 いた・とめる・はらう

使い方
黒板
かん板
板前
鉄板
板書

部首 木（きへん）
書こう 板

8画　一　十　木　木　机　朽　板　板

帳

チョウ｜音 チョウ　訓 ──

使い方
通帳
メモ帳
帳消し
日記帳
手帳
図帳
地帳

部首 巾（はばへん）
書こう 帳

11画　| 　冂　巾　巾'　帆　幅　帳　帳　帳　帳

筆

ヒツ｜音 ヒツ　訓 ふで

使い方
筆先
筆者
代筆
筆順
毛筆
えん筆

部首 竹（たけかんむり）
書こう 筆

12画　ノ　ト　ト　ト　ナ　ダ　竺　筆　筆　筆　筆

箱

ハコ｜音 ──　訓 はこ・とめる

使い方
箱にわ
筆箱
ごみ箱
本箱
小箱

部首 竹（たけかんむり）
書こう 箱

15画　ノ　ト　ト　ナ　ダ　竺　竺　竺　箝　笄　笄　箝　箝　箱

---

① あま　ぐ □□

② 絵の □ でぬる。

③ こく　ばん □□

④ いた　まえ □□

⑤ よ金　□□ つう　ちょう

⑥ □□□ に　き　ちょう

⑦ □□ ひつ　しゃ

⑧ □□ ふで　かき

⑨ 小さな □ はこ 庭に。

⑩ □□ ほん　ばこ

クイズ
「板」を「いた」と読むのは、どれかな？
① 黒板　② 板前　③ 鉄板

2　□にあてはまる漢字を書きましょう。　1つ4点【60点】

① 正しい　じゅんで、かく。

② 体の　ぐあいが悪い。

③ メモに　ちょうに　かく。

④ くうきを　からに　する。

⑤ ちょうす　を見る。

⑥ なみだ。

⑦ なかま　を　たのむ。
　*たのむ…あてにする人のかわりにする。

⑧ とびらを開く。

⑨ やきにく　の料理。

⑩ 体育　かん　室

⑪ 先生のはなし　をよく聞く。
　*はなし…黒板に文字などをかく。

⑫ ひっき　の練習。

⑬ かぐ　を買う。

⑭ けしき　のへん。

⑮ 借金を　ちょうけし　にする。
　*ちょうけし…お金やしなものの
　かしかりがなくなること。

*① 「い」順、「は」順
　「い」は、「いろは順」の
　こと。

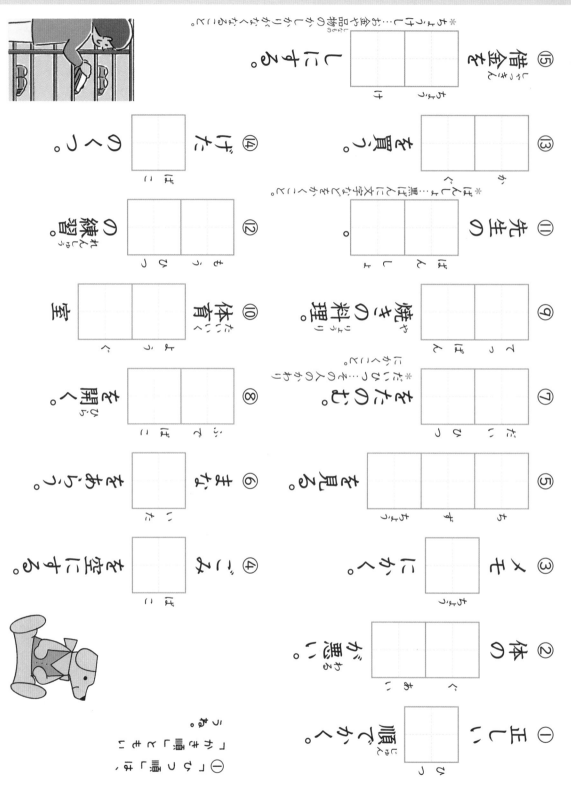

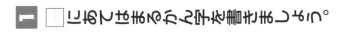

36 かくにんテスト⑥

名前

15分

目標

月　日

とく点　点

1 □にあてはまるかん字を書きましょう。　1つ4点【32点】

① し め
□ に火をつける。

② すきな □ を読む。

③ く しゅ ゆ び
□□ をけがする。

④ 会社の け ん □ しゅう。

⑤ でんせん □ の手ぼう。

⑥ りゅう ひょう
□□ が来る町。

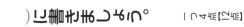

⑦ タクシーに の □ る。

⑧ 文ぼう ぐ □ 売り場。

2 ——線の言葉を、かん字と送りがな（　）に書きましょう。　1つ4点【12点】

① 右にまがってとおる。（　　　　　）

② 大きなはいをはこぶ。（　　　　　）

③ 時計のはりを五分すすめる。（　　　　　）

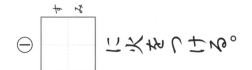
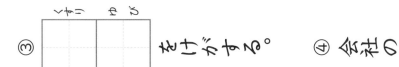

5 □に同じ読み方で意味のちがうかん字を書きましょう。 【1つ4点/16点】

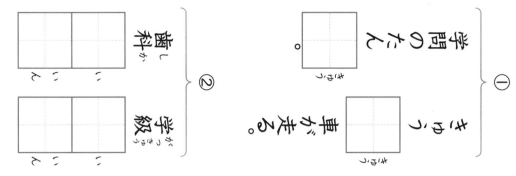

①
学問のたん□□。
□□車が走る。
（きゅう／きゅう）

②
歯科□□
□□学級
（し／がっきゅう）

③
□□字を書き取る。
上がりに水を飲む。
（か／ゆ）

4 □に同じ部首のかん字を書きましょう。 【1つ4点/24点】

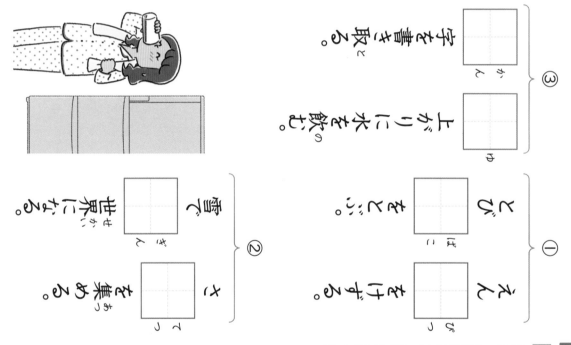

①
とび□□をはこにつける。
□□をにばいにする。
（ばい）

②
雪で□□世界になる。
□□を集める。
（ぎん／てつ）

3 ──線のかん字の読みがなを書きましょう。 【1つ4点/16点】

① 物語の第一章。　（　　　）

② 局長のおじさん。（　　　）

③ 店のかん板。　　（　　　）

④ 手帳にメモする。（　　　）

幸

読み方
音　コウ
訓　さいわい・さち・しあわせ

使い方
不幸
幸せ者
幸運
幸福
多幸

部首（かん）
書こう

8画　一 十 土 キ キ 去 幸 幸

福

読み方
音　フク

使い方
福引き
祝福
福し
福ぶくろ
福の神
ゆう福

部首（しめすへん）
書こう

13画　丶 ラ ネ ネ ネ ネ 祈 福 福 福 福 福 福

美

読み方
音　ビ
訓　うつくしい

使い方
美声
美歌
美化
美人
美談
美味

部首（ひつじ）
書こう

9画　丶 丷 ソ 羊 羊 美 美 美 美

感

読み方
音　カン

使い方
感覚
感動
五感
感心
感じ
子感

部首（こころ）
書こう

13画　ノ 厂 厂 后 咸 咸 咸 咸 咸 感 感 感 感

動

読み方
音　ドウ
訓　うごく・うごかす

使い方
運動
動物
動力
身動き
自動
動作

部首（ちから）
書こう

11画　一 ニ 三 亖 盲 盲 重 重 重 動 動

---

1 □に漢字を書きましょう。
一つ4点【40点】

① 不□な出来事。

② □せの青い鳥。

③ 祝□を受ける。

④ □の神か。

⑤ □□

⑥ □談だを聞く。

⑦ □□する。

⑧ □□の場は面ん。

⑨ □□ドア

⑩ □□き

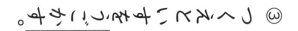

「福」と同じ画数の漢字は、どれかな？
① 美　② 動　③ 感

3 ──線の言葉を、漢字と送りがな（　）に書きましょう。　1つ5点【15点】

① さいわいにも無事だった。
（　　　　　　　）

② ゆう焼けがうつくしい。
（　　　　　　　）

③ つくえをそろえる。
（　　　　　　　）

2 □にあてはまる漢字を書きましょう。　1つ5点【45点】

① 毎日、□□する。

② □□の景品。

③ □□悪い。

④ 都市を□□する。

⑤ □□園に行く。

⑥ わたしは□□者だ。

⑦ 両親に□□する。

⑧ ゆう□□にへんしん。

⑨ □□をのこす。

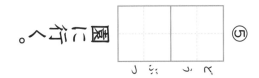

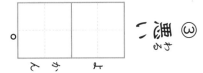

目標 10分　月　日　点　とく点

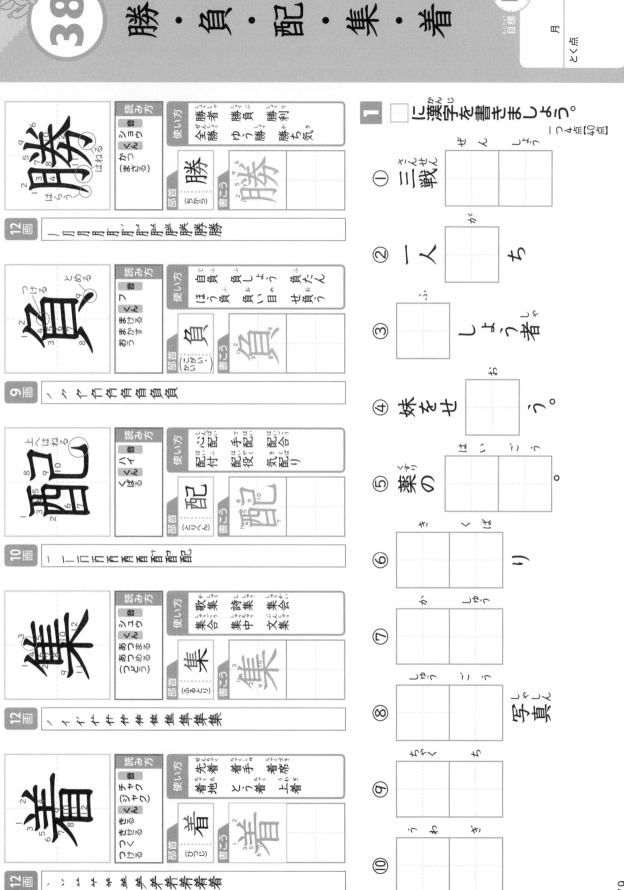

1 □に漢字を書きましょう。[一つ4点/40点]

① 三回　せんしょう　戦

② 一人　が　ち

③ ふしょう　者や

④ 株をせ　お　う。

⑤ 薬くばりの　はいごう

⑥ き　くば　り

⑦ か　しゅう

⑧ しゅうごう　写真しん

⑨ ちゃく　ち

⑩ うわ　ぎ

勝
読み方　音 ショウ　訓 かつ／はねる／（まさる）
使い方　全勝（ぜんしょう）　勝者（しょうしゃ）　勝負（しょうぶ）　ゆう勝　勝利（しょうり）　勝ち気（き）
部首（ちから）
12画　ノ 月 月 月 月' 月" 胖 胖 勝 勝

負
読み方　音 フ　訓 まける／まかす／おう
使い方　自負（じふ）　ほう負（ふ）　負（お）い目　せ負（お）う　負（ふ）たん
部首（かい・こがい）
9画　⺈ ク ク 午 午 自 自 角 負

配
読み方　音 ハイ　訓 くばる
使い方　配心（はいしん）　配付（はいふ）　手配（てはい）　役配　気配（はいごう）　配合　配り
部首（とりへん）
10画　一 丁 丌 丙 丙 西 酉 酉 配 配

集
読み方　音 シュウ　訓 あつまる／あつめる／（つどう）
使い方　歌集（かしゅう）　詩集（ししゅう）　集中（しゅうちゅう）　文集（ぶんしゅう）　集会（しゅうかい）
部首（ふるとり）
12画　ノ イ 仁 什 什 隹 隹 隹 焦 集 集

着
読み方　音 チャク／ジャク　訓 きる／きせる／つく／つける
使い方　着地（ちゃくち）　着席（ちゃくせき）　先着（せんちゃく）　着手（ちゃくしゅ）　上着（うわぎ）
部首（め）
12画　' '' 兰 半 并 关 羊 着 着 着

答え ● 110ページ

クイズ

「配」の部首は、どれかな？
（ア）西（にし）　（イ）酉（とり）　（ウ）己（き）

3 ――線の言葉を、漢字と送りがな（　）に書きましょう。　1つ6点【18点】

① 先生がプリントを____る。
（　　　　　）

② 記念切手を____める。
（　　　　　）

③ 弟に服を____せる。
（　　　　　）

2 ［　］にあてはまる漢字を書きましょう。　1つ6点【42点】

① ゲームで□つ。（か）

② □□じゃんけんで□ける。（き）

③ □□が始まる。（しゅうてん／はじ）

④ 駅には五分で□く。（えき）

⑤ 強てきに□利する。（しょうり）

⑥ 雨の□□を□する。（てんき）

⑦ 来年のほう□を語る。（ふ）
＊□にあてはまるのは、この中のどれかな？

①と②の「か」「き」は、反対の意味の言葉。組み合わせて覚えてもいいね。

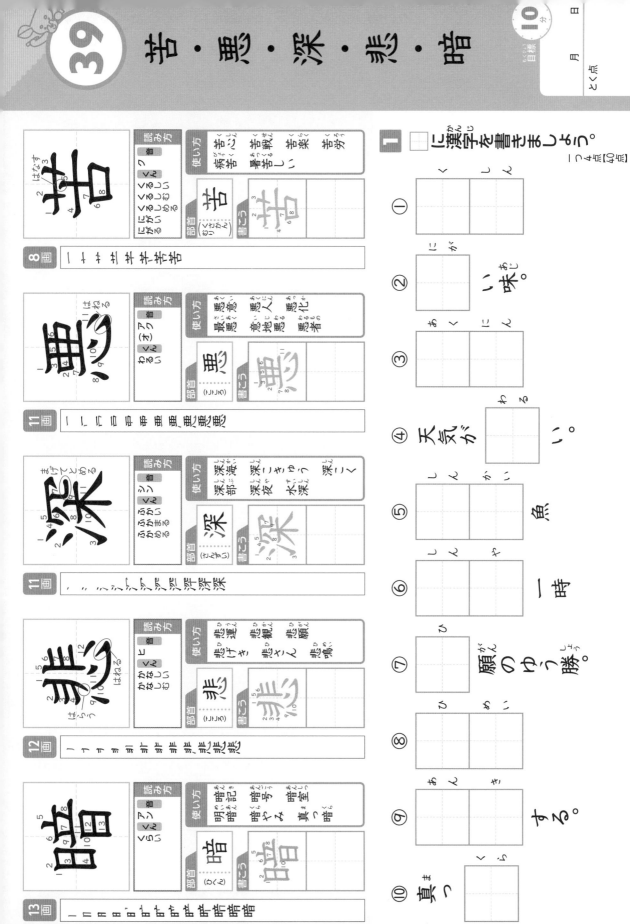

苦

目標 10分

とく点

読み方
音 ク
訓 くるしい・くるしむ・くるしめる・にがい・にがる

使い方
病気に苦しむ
暑さに苦しめられる
苦い薬
苦心
苦戦
苦楽
苦労

部首 くさかんむり（むりくさ）

書こう 苦

8画　一 ＋ ＋ ＋ ＋ 艹 苦 苦

悪

読み方
音 アク・（オ）
訓 わるい

使い方
最悪
意地悪
悪意
悪人
悪者
悪化
悪わる

部首 こころ（したごころ）

書こう 悪

11画　一 一 二 三 百 亜 亜 悪 悪 悪

深

読み方
音 シン
訓 ふかい・ふかまる・ふかめる

使い方
深海
深夜
深い
深こきゅう
水深
深山ゆう谷
深こく

部首 さんずい

書こう 深

11画　丶 丶 氵 氵 氵 沪 汐 浬 浬 深 深

悲

読み方
音 ヒ
訓 かなしい・かなしむ

使い方
悲げき
悲運
悲観
悲さん
悲願
悲鳴

部首 こころ（したごころ）

書こう 悲

12画　一 一 一 三 丬 非 非 非 非 悲 悲 悲

暗

読み方
音 アン
訓 くらい

使い方
明暗
暗記
暗号
暗室
暗い
暗やみ
真っ暗

部首 ひへん

書こう 暗

13画　丨 日 日 日 旷 旷 旷 旷 昨 暗 暗 暗

---

1 □に漢字を書きましょう。

一つ4点【40点】

① ［く｜しん］

② ［く｜に］味。お

③ ［お｜く｜に｜ん］

④ 天気が［わる｜い］。

⑤ ［し｜ん｜かい］魚

⑥ ［し｜ん｜や｜］一時

⑦ ［ひ｜］願のゆう勝しょう。

⑧ ［ひ｜め｜い］

⑨ ［あ｜ん｜き｜］する。

⑩ 真っ［く｜ら］

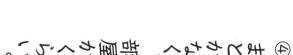

クイズ
「暗」の部首は、どれかな？
① 日（ひへん）② 立（たつ）③ 音（おと）

3 ──線の言葉を、漢字と送りがなで（　）に書きましょう。 【1つ4点/24点】

① せきが出て、息がくるしい。
（　　　　　　　　　　）

② この湖は、とてもふかい。
（　　　　　　　　　　）

③ すきな本がやぶれてなくす。
（　　　　　　　　　　）

④ まどをあけて、部屋がへる。
（　　　　　　　　　　）

2 □にあてはまる漢字を書きましょう。 【1つ3点/36点】

① 決勝は せんせん 戦せた。

③ いっしゅうを する。

⑤ じゅうだいな交通事こ。

⑥ あい を分ける。

② びょうき を感じる。

④ 病気が かいふく する。

⑥「あい」は、「味方」の意味があり、反対の漢字を組み合わせた熟語です。

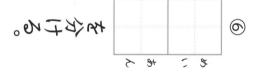

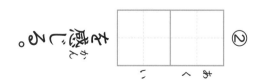

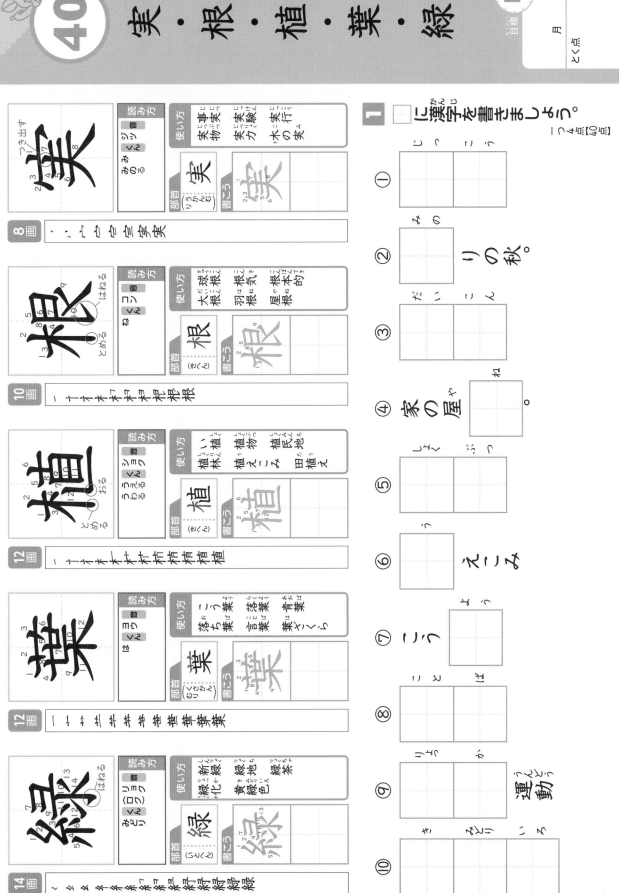

月　日　点
目標 10分
とく点

実

読み方
おん ジツ
くん みのる
み

使い方
実物で使う
実を使って
実力を試す
木の実
実行する

部首
うかんむり

8画 丶丶宀宀宁宇実実

根

読み方
おん コン
くん ね

使い方
大根
羽根
屋根
球根
気根
本的

部首
きへん

10画 一十才木木杧根根根根

植

読み方
おん ショク
くん うえる・うわる

使い方
植林
植え込み
田植え
植物
植民地

部首
きへん

12画 一十才木木村村栝栢植植植

葉

読み方
おん ヨウ
くん は

使い方
落ち葉
言葉
青葉
落葉
葉ざくら

部首
くさかんむり

12画 一十十廿廿苹苹苹苹葉葉葉

緑

読み方
おん リョク・ロク
くん みどり

使い方
緑化
黄緑
緑色
新緑
緑地
緑茶

部首
いとへん

14画 ⿱⿱⿱⿱⿱紀紀紀紀緑緑緑緑緑

1 □に漢字を書きましょう。
〔一つ4点【40点】

① □□（じっこう）

② □（み）のりの秋。

③ □□（だいこん）

④ 家の屋□（ね）。

⑤ □□（しょくぶつ）

⑥ □（う）えこみ。

⑦ □□（よう）

⑧ □□（ことば）

⑨ □□（りょくか）運動。

⑩ □□□（きみどりいろ）

83

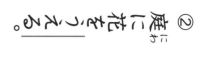

② 庭に花をうえる。

（　　　　　　）

① ニワトリがなく。

（　　　　　　）

3 ──線のことばを、漢字と送りがなで（ ）に書きましょう。

【一つ12点】

⑧ 山に□□する。

＊「とざん…山にのぼること」という意味だよ。

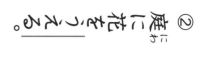

⑦ □□があがる。

＊「しょう、じょう」の⑥の漢字の右の側は、点の向きに注意して書こう。

⑤ □□を飲む。

⑥ □□のゆり。

＊「よ…たいへんよい」という意味だよ。

③ □□を話す。

④ 木々の□□。

① 理科の□験を行う。

② □□しくなる。

2 □にあてはまる漢字を書きましょう。

【一つ8点】

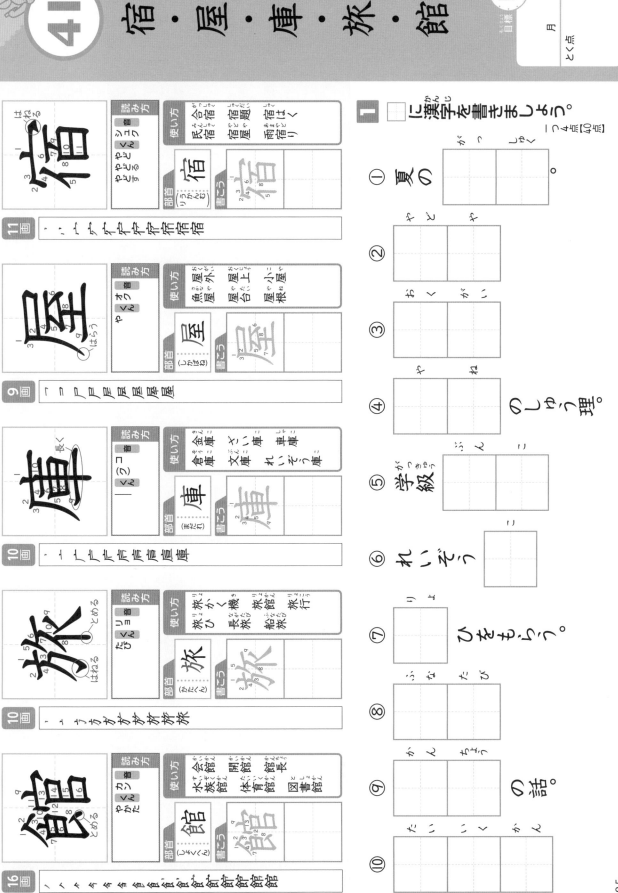

41　宿・屋・庫・旅・館

目標 10分　月　日　点　とく点

宿 はねる　音 シュク　訓 やど・やどる・やどす
部首 うかんむり　11画
使い方：民が合宿・宿題・雨宿り
` 宀 宀 疒 疒 疒 宿 宿`

屋 はらう　音 オク　訓 や
部首 しかばね　9画
使い方：魚屋・屋外・屋台・屋上・屋根・小屋
`コ コ ア 戸 屋 屋 屋 屋`

庫 長く　音 コ・ク
部首 まだれ　10画
使い方：倉庫・文庫・車庫
`广 广 戸 片 庐 庐 庫`

旅 とめる・はねる　音 リョ　訓 たび
部首 かたへん　10画
使い方：旅行・長旅・船旅・旅館
`亠 亠 方 方 扩 扩 旅 旅`

館 とめる　音 カン　訓 やかた
部首 しょくへん　16画
使い方：水族館・会館・開館・体育館・図書館
`食 食 食 食 飠 飲 館 館 館`

１　□に漢字を書きましょう。
〔一つ4点【40点】〕

① 夏の〔か／しゅく〕。

② 〔き／や〕

③ 〔お／く／が／い〕

④ 〔や／ね〕のしゅう理。

⑤ 学級〔ぶん／こ〕

⑥ 〔れ／い／ぞう〕こ

⑦ 〔りょ〕ひをもらう。

⑧ 〔ふな／たび〕

⑨ 〔かん／ちょう〕の話。

⑩ 〔た／こ／い／か／ん〕

85

クイズ
「屋」は何画で書くかな？
① 9画 ② 10画 ③ 11画

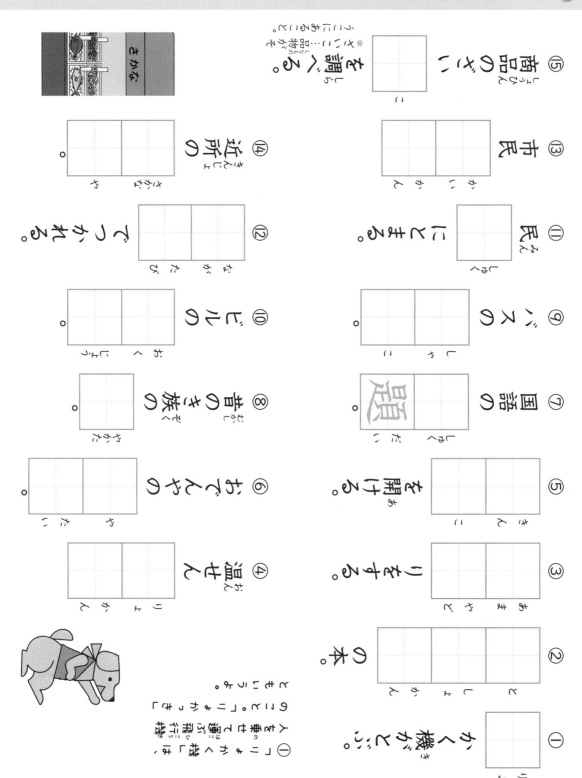

2 □にあてはまる漢字を書きましょう。

【1つ4点】【全60点】

① □□が機械のように飛ぶ。

② □□□□の木。

③ □□りを□ます。

④ 温せん。

⑤ □□を開ける。

⑥ おてらの□□。

⑦ 国語の□□。

⑧ 昔のきぞく族の□□。

⑨ バスの□□。

⑩ ビルの□□。

⑪ 民□が□□に□える。

⑫ □□□でつかれる。

⑬ 市民□□。

⑭ 近所の□□。

⑮ 商品のねだんを調べる。
*品物のねうちを
あらわすことば。

① 人をせなかに運ぶ様子は「にゃっこう」。「にゃっこう」は一人の様子を表しています。

1 □にあてはまる漢字を書きましょう。

1つ4点【32点】

① くら やみを歩く。

② 倉（そう） に物をしまう。

③ しょうの しな しや 。

④ 最（さい） あ く の事だ。

⑤ どう き が速い。

⑥ 秋が ふか まる。

＊ふかまる…だんだんと進む。

⑦ 都市の りく ち 帯だ。

⑧ おかしが く ば られる。

2 ——線の言葉を、漢字と送りがなで（　）に書きましょう。

1つ4点【12点】

① 広場に人があつまる。

（　　　　　　　）

② コーヒーはにがい。

（　　　　　　　）

③ かなしい話を聞く。

（　　　　　　　）

5 □に同じ読み方で意味のちがう漢字を書きましょう。【1つ4点 6つ】

① 水族[すいぞく]□かんの魚。／□かんが覚[さ]めるように。

② アンケートの□ート。／町の電気□や。

③ 日直の号[ごう]□れいで□せきする。／□しい花束[はなたば]をおくる。

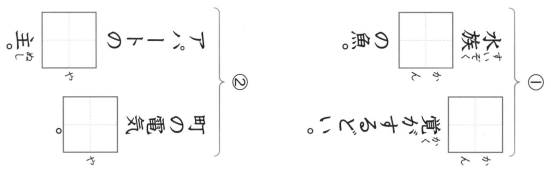

4 □に同じ部首で形がちがう漢字を書きましょう。【1つ4点 24つ】

① 木の□しん。／□はりょう金が安い。／□を拾[ひろ]う。

② 気□強にせいかくへ。／□田えのませ。

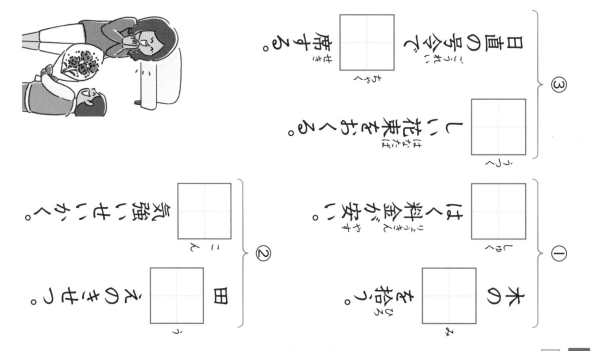

3 ——線の漢字の読みがなを書きましょう。【1つ4点 6つ】

① 幸福な一家。（　　　）

② 負たんが大きい。（　　　）

③ 落ち葉が風にまう。（　　　）

④ 海外旅行に行く。（　　　）

43　温・度・暑・寒・陽

温

読み方
音　オン
訓　あたたか・あたたかい・あたたまる・あたためる

使い方
気温　温度
水温　温度
体温　温和

部首　（さんずい）
書こう

12画　`氵氵氵`温温温温温温温温

度

読み方
音　ド（ト）（タク）
訓　（たび）

使い方
速度　一度
角度　強度
何度

部首　（まだれ）
書こう

9画　`广广广广广度度度`

暑

読み方
音　ショ
訓　あつい

使い方
大暑　寒暑　残暑
暑中　暑い
むし暑い

部首　（ひ）
書こう

12画　`日日旦早星昇昇暑暑暑`

寒

読み方
音　カン
訓　さむい

使い方
寒気　寒波　寒冷
ほう寒　寒空　夜寒

部首　（うかんむり）
書こう

12画　`宀宀宇宇宝実実実寒寒`

陽

読み方
音　ヨウ
訓　—

使い方
大陽　陽気　陽光
陽春　陽せい　落陽

部首　（こざとへん）
書こう

12画　`阝阝阡阡阳陽陽陽陽陽`

---

1 □に漢字を書きましょう。

一つ4点【40点】

① 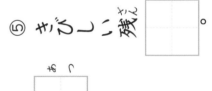（おん　ど）計

② （す　こ　おん）

③ 家の（しつ　ど）。

④ （そく　ど）を計る。

⑤ きびしい残（しょ）。

⑥ （あつ）い夏。

⑦ □（かん）に冷え地ち

⑧ 秋の□□（よ　さむ）。

⑨ □□（たい　よう）の光。

⑩ 春の□□（よう　こう）。

3 線の言葉を、漢字と送りがな（　）になおしなさい。

1つ5点【18点】

① あたたかいお茶を飲む。

（　　　　　）

② 今年の夏はあつい。

（　　　　　）

③ 北風がつめたい。

（　　　　　）

⑤「せっちゃく」は、
「せつ」と「ちゃく」を
くっつけた言葉です。

2 □にあてはまる漢字を書きましょう。

1つ5点【42点】

① 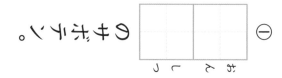 のキャベツ。

② 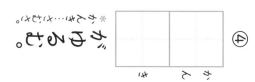 がひくい。

③ 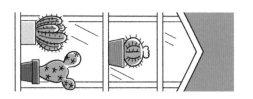 よう。

④ 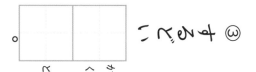 がおだやか。

⑤ 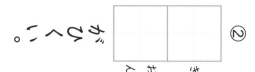 がくるしい。

⑥  人ごみ。

⑦ 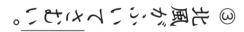 て運動する。
*「どうじょう…」ではありません。

90

両

読み方
音 リョウ
訓 ─

使い方
両手
両方
両りん車
両がわ
両側
両親
両用

部首（いち）
書きじゅん

6画　一 「 「 「 「 「 両 両

面

読み方
音 メン
訓 おもて（おも）（つら）

使い方
正面
画面
地面
会う
両面
やし面

部首（めん）
書きじゅん

9画　一 「 「 「 「 「 面 面 面

路

読み方
音 ロ
訓 ─

使い方
路面
進路
家路
道路
旅路
めい路

部首（あしへん）
書きじゅん

13画　一 「 「 「 「 「 「 「 「 路 路 路 路

駅

読み方
音 エキ
訓 ─

使い方
駅前
駅員
駅長
駅ビル
駅へ
駅伝

部首（うまへん）
書きじゅん

14画　一 「 「 「 「 馬 馬 馬 馬 駅 駅 駅 駅 駅

橋

読み方
音 キョウ
訓 はし

使い方
石橋
鉄橋
歩道橋
道橋
陸橋
橋げた

部首（きへん）
書きじゅん

16画　一 「 「 「 「 「 「 「 橋 橋 橋 橋 橋 橋 橋 橋

1 　□に漢字を書きましょう。
一つ4点【40点】

① りょう し ん の顔。

② りょう て ん

③ じ め ん

④ め ん か い

⑤ 進し ろ を決める。

⑥ た び じ につく。

⑦ え き ちょう さん

⑧ え き ビルの店。

⑨ て つ きょう

⑩ い し ば し

91

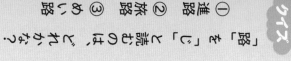

クイズ

「路」を「じ」と読むのは、どれかな？
① 進路
② 旅路
③ めいろ

2

□にあてはまる漢字を書きましょう。
（1つ4点／60点）

⑮ □□が〜おう。
＊ろめん…道の上。

⑬ 陸□□をわたる。

⑪ □□の目を開く。

⑨ □□を急ぐ。

⑦ 高速□□

⑤ □□り

③ 父は陸□□のだ。

② 水□陸□の車

① □□を向く。

⑭ □□しや□□を転がる。

⑫ □□□□を食べる。

⑩ □□□□を使う。

⑧ □□□のホテル。

⑥ 地下鉄の□□。

④ □□□のテレビの□□。

ポイント
② 「ち」と「じ」、「つ」と「づ」は「ぢ」「づ」を使うことはほとんどないよ。水の上に言う意味では「みなと」は、「みなと」と書くよ。

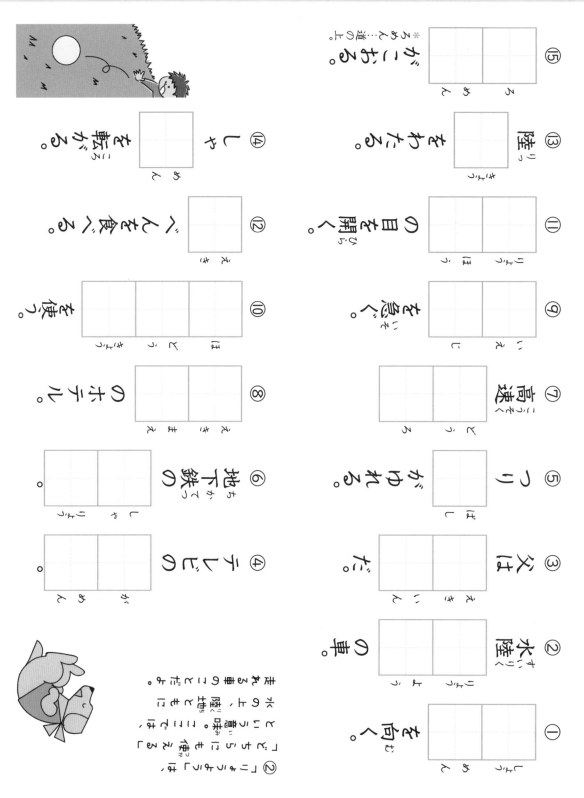

庭・遊・開・港・登

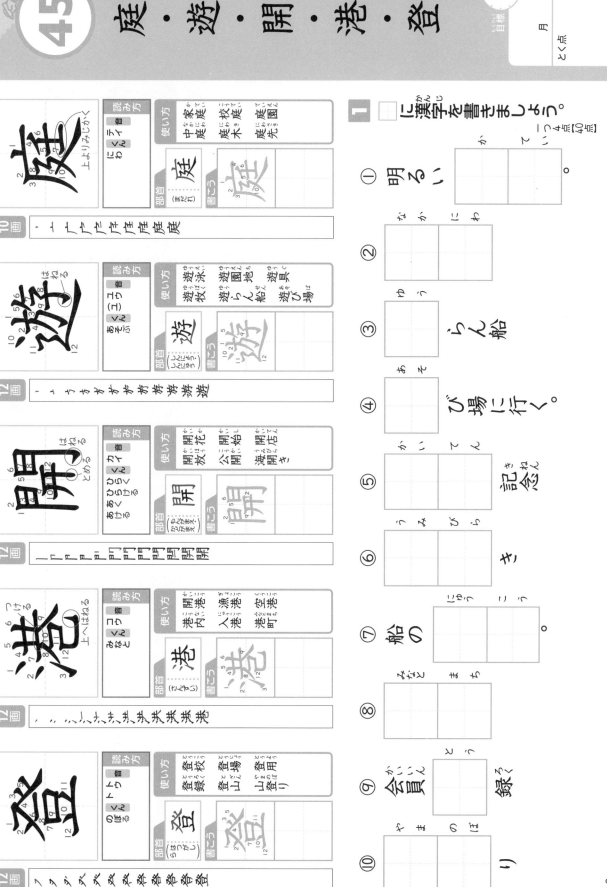

庭 10画
読み方 音 テイ 訓 にわ
上よりみじかく
使い方：中庭で／家の庭木／庭の先生
部首 广（まだれ）

・一广广广庐庐庐庭庭

遊 12画
読み方 音 ユウ 訓 あそ（ぶ）
はねる
使い方：遊牧／遊泳／遊園地／遊具／遊び場／遊らん船
部首 辶（しんにょう）

丶一亍方方扩护游游游遊

開 12画
読み方 音 カイ 訓 ひら（く）あ（く）あ（ける）
はねる とめる
使い方：開放／公開／海開き／開花／開始／開店
部首 門（もんがまえ）

1門門門門門門門門開開開

港 12画
読み方 音 コウ 訓 みなと
上へはねる
使い方：港内／入港／漁港／空港／港町
部首 氵（さんずい）

丶丶氵氵汁泮港港港港港

登 12画
読み方 音 トウ ト 訓 のぼ（る）
使い方：登校／登録／登場／登山／山登り／登用
部首 癶（はつがしら）

丿ファァァ癶癶癶登登登登

---

1 □に漢字を書きましょう。
〔一つ4点【40点】〕

① 明るい ［なか・には］ ○

② ［なか・には］

③ ［ゆう］ らん船

④ ［あそ］ び場に行く。

⑤ ［かい・てん］ 記念

⑥ ［うみ・びら］ き

⑦ 船の ［しゅう・こう］ ○

⑧ ［みなと・まち］

⑨ 会員 ［とう］ 録

⑩ ［やま・のぼ］ り

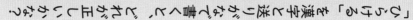

「ひらく」を漢字と送りがなで書くと、どれが正しいかな？

① 開く　② 開らく　③ 開らく

---

3 線の言葉を、漢字と送りがなで（　）に書きましょう。 【1つ6点/24点】

① 友達と公園であそぶ。
（　　　　　　）

② 先生が学校の門をあける。
（　　　　　　）

③ 新しいノートをひらく。
（　　　　　　）

④ 富士山にのぼる。
（　　　　　　）

---

2 □にあてはまる漢字を書きましょう。 【1つ6点/36点】

① □□に集まる。（ひろ　ば）

③ □□の手入れ。（に　わ）

⑤ 主人公が□□する。（とう　じょう）

⑥ 記念の祭り。（きねん）

② □から船が出る。（みなと）

④ □牧民のくらし。（ゆう）

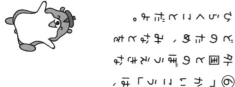

⑥「ライス」は、外国の言葉からきた言葉なので、カタカナで書くんだよ。

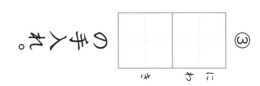

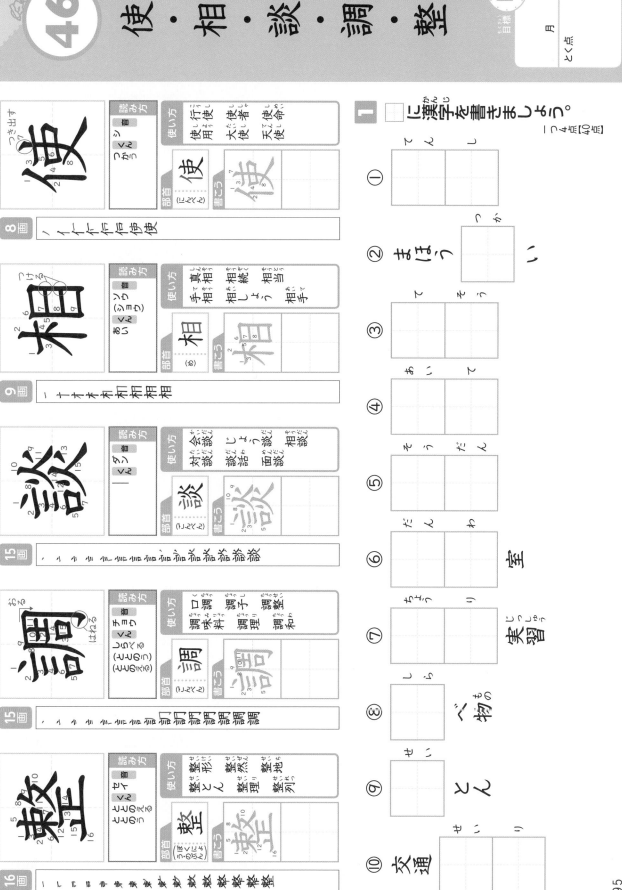

使
つき出す
読み方　音 シ／くん つか（う）
使い方
天使・使命／大使・使者／使用・行使
部首（にんべん）
8画　ノイイ行行行使使

相
けずる
読み方　音 ソウ（ショウ）／くん あい
使い方
手相・相手／相続・相談／真相・相当
部首（め）
9画　一十才木村村村相相

談
読み方　音 ダン
使い方
面談・相談／談話・談じ／対会・会談
部首（ごんべん）
15画　`丶一亠亖亖言言言許許談談談談談`

調
おる／はねる
読み方　音 チョウ／くん しら（べる）／（ととのう）／（ととのえる）
使い方
調整・調和／調理・調子／口調・味料調
部首（ごんべん）
15画　`丶一亠亖亖言言訂訂訒調調調調調`

整
読み方　音 セイ／くん ととの（う）／ととの（える）
使い方
整地・整列／整然・整理／整形・整と
部首（ぼくのぶん・ぼくにょう）
16画　`一二下申申東東敕敕整整整整整`

1　□に漢字を書きましょう。
一つ4点【40点】

① 　てんし

② まほう　つか　い

③ 　てそう

④ あいて

⑤ そうだん

⑥ だんわ　室

⑦ ちょうり　実習

⑧ しらべ物の

⑨ せいとん

⑩ 交通　せいり

95

クイズ

「そう」を「相」と書くのは、どれかな？
① 感そう ② 手そう ③ 放そう

3 ――線の言葉を、漢字と送りがな（　）に書きましょう。
1つ8点【18点】

① 図工で絵の具を_____。
（　　　　）

② 事の原いんを_____。
（　　　　）

③ 身のまわりを_____。
（　　　　）

⑦ げ科の医者
＊せ……と読むこともできます。

⑥ ◻◻の品な

④ 千円さつの◻◻の品。

② 市長と◻◻する。
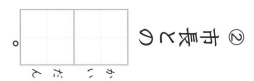

⑥「しょ」のように、同じ読み方でも、いみがちがうから、漢字でかき分けよう。

⑤ 先生と◻◻する。

③ 体の◻◻し。

① 筆を◻◻する。

2 ◻にあてはまる漢字を書きましょう。
1つ6点【42点】

勉・練・習・問・題

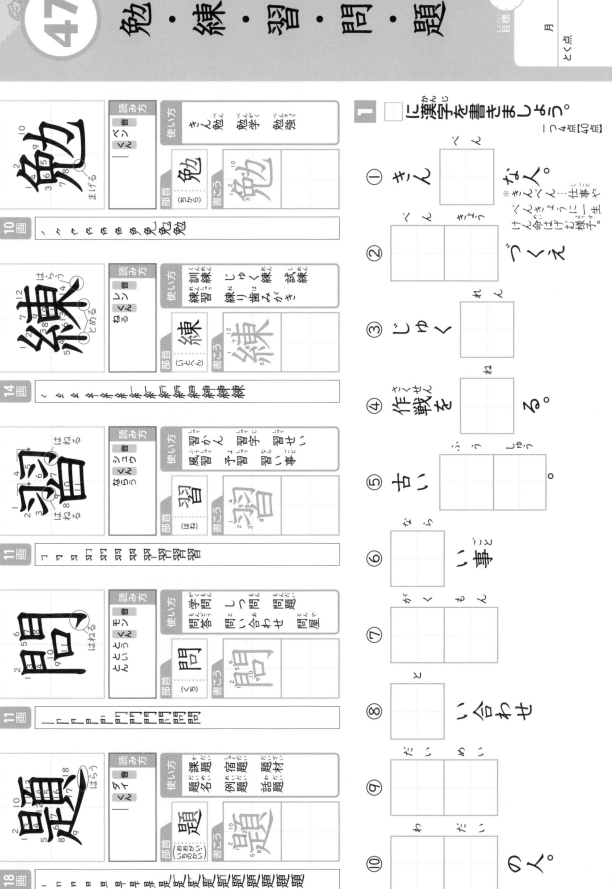

勉
読み方　音 ベン　訓 —
使い方　きん勉　勉学　勉強
部首（ちから）
10画　ノ ㇆ ⺈ 各 各 免 免 勉

練
読み方　音 レン　訓 ねる
使い方　練習　訓練　試練　くり練　習い歯みがき
部首（いとへん）
14画　⺰ ⺰ ⺰ 糸 糸 紀 紀 終 絎 絎 練 練 練 練

習
読み方　音 シュウ　訓 ならう
使い方　習字　予習　習字　習い事　風習
部首（はね）
11画　⺆ ⺆ ⺆ 羽 羽 羽 羽 習 習 習 習

問
読み方　音 モン　訓 とい・とう・とん
使い方　学問　問答　問い合わせ　問題　問屋
部首（くち）
11画　⎹ ⎸ ⺆ ⺆ 門 門 門 門 問 問 問

題
読み方　音 ダイ　訓 —
使い方　題名　課題　宿題　例題　話題　題材
部首（おおがい）
18画　⺀ ⺀ ⺀ 日 旦 早 是 是 是 匙 匙 題 題 題 題 題 題 題

1　□に漢字を書きましょう。
一つ4点【40点】

① きん□な人。
＊きんべん…仕事やべんきょうに一生けんめい、はげむ様子。

② □□くえ

③ じゅ□□れん

④ 作戦を□□る。

⑤ ふ□しゅう□

⑥ なら□い事

⑦ が□くも□ん

⑧ と□い合わせ

⑨ だ□い□めい

⑩ わ□だ□いの人。

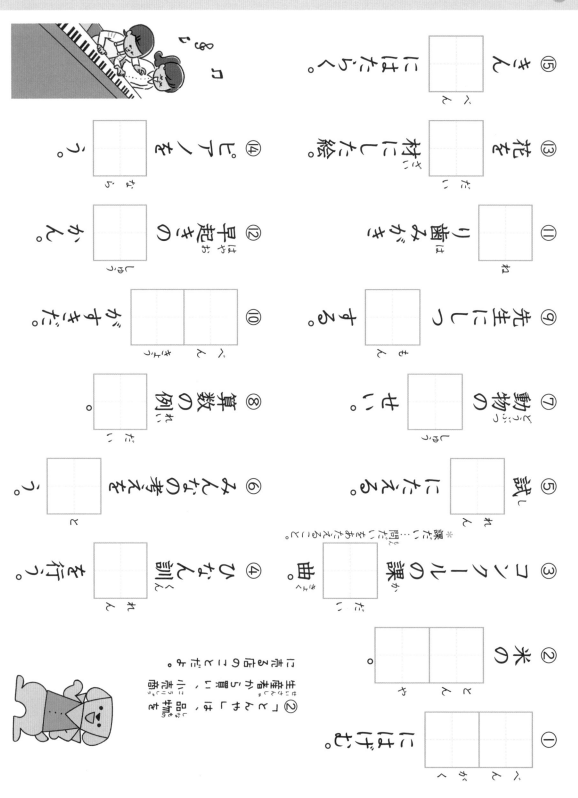

クイズ

「題」は何画で書くかな？
① 16画　② 17画　③ 18画

答え ◯ 111ページ

2 □にあてはまる漢字を書きましょう。

全4こ[問]

① 　に　がむ。

② 米の　　に　む。

③ コンクールの課　曲。
※課だい…問だい…同じいみであることがおおいよ。

④ ひなん　　を行う。

⑤ 試し　　曲。

⑥ みんなの考えを　　。

⑦ 動物の　　。

⑧ 算数の例　。

⑨ 先生に　　する。

⑩ 　　がすきだ。

⑪ 　はり歯みがきする。

⑫ 早起きの　　。

⑬ 花を　に　にした絵。

⑭ ピアノを　う。

⑮ きん　には　たら。へ

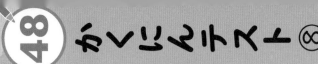

48 かくにんテスト⑧

名前

1 □にあてはまる漢字を書きましょう。　1つ4点【32点】

① ぼう［かん］服を着る。

② 部屋がむし［あつ］い。

③ めい［ろ］を作る。

④ 川に［はし］をかける。

⑤ ［えき］で待ち合わせる。

⑥ はさみを［つか］う。

⑦ 毎日［くんれん］する。

⑧ テストに［もんだい］。

2 ――線の言葉を、漢字と送りがなで（　）に書きましょう。　1つ4点【12点】

① 自動ドアがひらく。　（　　　　　）

② 行進の足なみがととのう。　（　　　　　）

③ 新しい漢字をならう。　（　　　　　）

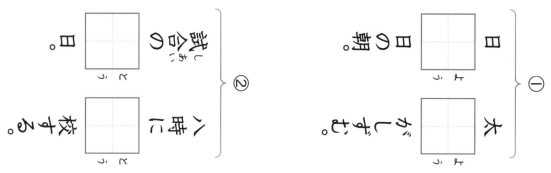

5 □に同じ読み方で意味のちがう漢字を書きましょう。【1つ4点/6点】

①
日□　大□
□の朝。

②
試[し]合[あい]の□日。
八時に□校する。

③
き□　□口で話す。
じ□　□を言う。

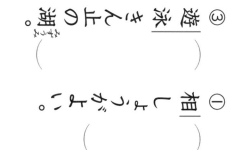

4 □に同じ部首（つくり）で形がちがう漢字を書きましょう。【1つ4点/24点】

①
体□[おん]が高い。
空□[こう]までバスで行く。

②
見事[みごと]な日本□[てい]園。
九十□[ど]の熱湯[ねっとう]。

3 ——線の漢字の読みがなを書きましょう。【1つ4点/6点】

① 相談をする。（　　）

② 紙の両面に書く。（　　）

③ 遊泳きん止の湖。（　　）

④ 犬の訓れんをする。（　　）

名前

目標とく点

月　日　点

とく点

1 □に同じ読み方で意味のちがう漢字を書きましょう。

一つ4点【48点】

① じ
- 家 □
- □ 回

② はな
- □ 見
- □ 先

③ し
- □ 定て い
- □ 集しゅう

④ ふく
- □ の神かみ
- 体そう □

⑤ み
- 木の □
- □ しゅ

⑥ やく
- □ 品ひん
- □ 者しゃ

2 ──線と同じ読み方の言葉で、意味のちがう漢字を□に書きましょう。

一つ4点【12点】

① 紙を切る。…シャツを □ る。

② 家に帰る。…かした本が □ る。…投手とうしゅを □ える。

3 次の言葉を、それぞれの文の意味に合う漢字に書きましょう。 【40点】1つ4点

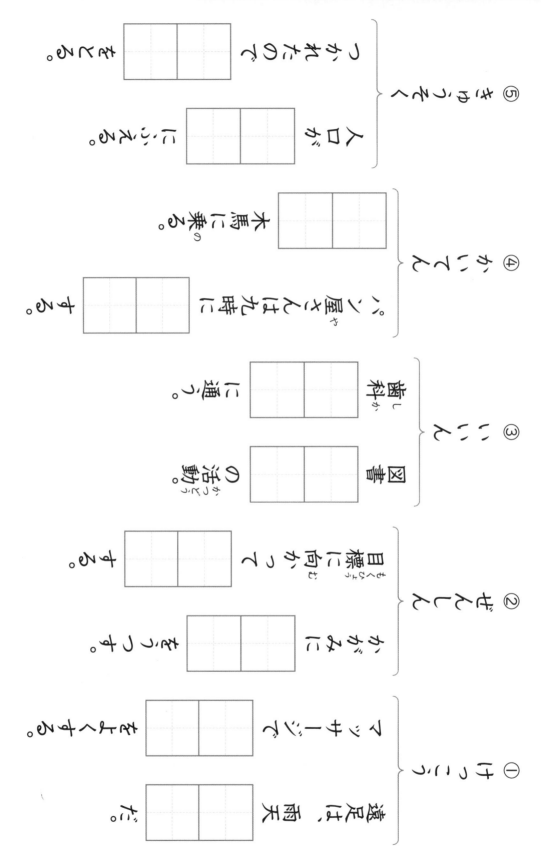

① けつい
- 遠足は、雨天□□だ。
- マッサージで□□をほぐす。

② ぜんしん
- 目標に向かって□□する。
- からだに□□をつける。

③ つういん
- 歯科□□に通う。
- 図書□□の活動。

④ かいてん
- 木馬に乗る。□□
- パン屋さんは九時に□□する。

⑤ きゅうへん
- □□した人口が□□にふえる。
- □□されたので□□ごと。

50 まとめテスト②

名前

目標 15分

月 日

とく点 点

1 次の言葉と反対の意味の言葉になるように、□に漢字を書きましょう。

1つ2点【16点】

① たて ←→ □

② 今 ←→ □

③ うち ←→ □

④ 自分 ←→ □人

⑤ 入学 ←→ 卒□

⑥ 来年 ←→ □年

⑦ 安心 ←→ □心

⑧ かた方 ←→ □方

2 ──線の漢字と反対の意味の漢字を□に書いて、じゅく語を作りましょう。また、そのじゅく語の読み方を、（　）に書きましょう。

1つ3点【36点】

① □負（　　　）

② 生□（　　　）

③ 明□（　　　）

④ □答（　　　）

⑤ □楽（　　　）

⑥ 終□（　　　）

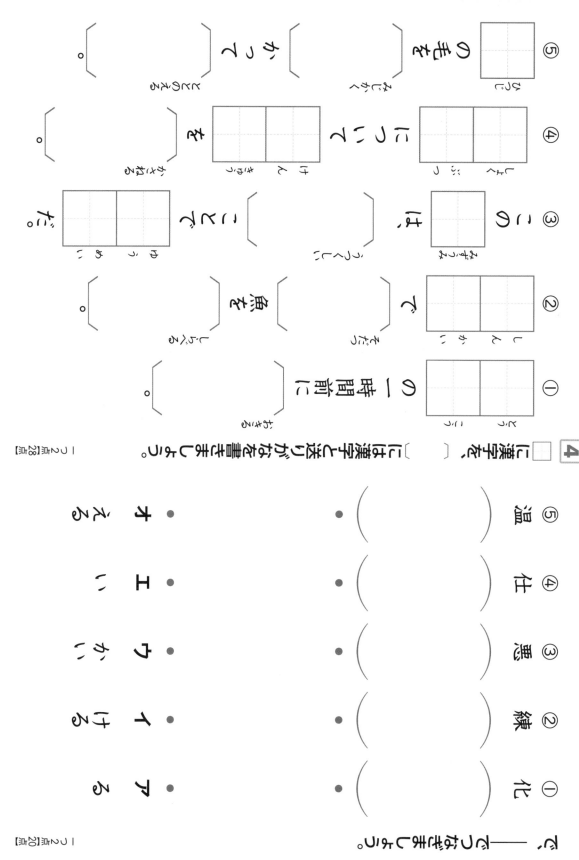

4 □に漢字を、〔 〕には漢字と送りがなを書きましょう。 1つ2点[28点]

① □□ の一時間前に〔 　　　　　　 〕。

② □□ で〔 　　　　　　 〕魚を〔 　　　　　　 〕。

③ □ の□□ は〔 　　　　　　 〕いでだ。

④ □□ に□□ して〔 　　　　　　 〕を〔 　　　　　　 〕。

⑤ □ の毛を〔 　　　　　　 〕か〔 　　　　　　 〕。

3 次の漢字の訓読みを〔 〕に書き、それにつづく送りがなを下からえらんで──でむすびましょう。 1つ2点[20点]

① 化　（　　　　　　）・　　　・ア　る

② 練　（　　　　　　）・　　　・イ　ける

③ 悪　（　　　　　　）・　　　・ウ　かい

④ 仕　（　　　　　　）・　　　・エ　い

⑤ 温　（　　　　　　）・　　　・オ　える

---

① 反・対・化・由・坂　5～6ページ

1 ①反 ②反 ③対 ④対 ⑤化学 ⑥化
　⑦由来 ⑧自由 ⑨坂道 ⑩坂道

2 ①坂 ②化 ③坂 ④由 ⑤反対 ⑥化石
　⑦理由 ⑧対決

3 ①化かす ②反らす

クイズ ②

●アドバイス

1 「反」の一画目は、横画の「一」から書かせましょう。

3 原則として、形の変わる言葉は、形の変わる部分から送りがなをつけます。

---

② 丁・区・県・都・州　7～8ページ

1 ①一丁目 ②丁（町） ③学区 ④区画
　⑤県下 ⑥県内 ⑦都会 ⑧都 ⑨州 ⑩州

2 ①都心 ②本州 ③県道 ④横丁 ⑤区分
　⑥県外 ⑦九州 ⑧都市 ⑨一丁 ⑩区内
　⑪州 ⑫県立 ⑬地区 ⑭丁 ⑮都合

クイズ ③（「阝」は三画で書く。）

●アドバイス

1 「県」の「目」の部分を、「日」と書かないように注意させましょう。

---

③ 央・世・界・列・島　9～10ページ

1 ①中央 ②中央 ③後世 ④世間 ⑤世界
　⑥文学界 ⑦列記 ⑧列島 ⑨島 ⑩小島

2 ①一列 ②島国 ③界 ④世話 ⑤中央
　⑥行列 ⑦界 ⑧島 ⑨世 ⑩中央 ⑪世
　⑫半島 ⑬世界 ⑭列車 ⑮整列

クイズ ②

●アドバイス

1 「世」の「凵」は、一筆でつなげずに「一→一→」と三画で書かせましょう。

---

④ 死・去・身・命・息　11～12ページ

1 ①生死 ②死去 ③去 ④去 ⑤自身
　⑥身内 ⑦命 ⑧命 ⑨休息 ⑩息

2 ①身長 ②去年 ③命 ④消息 ⑤去
　⑥死者 ⑦身近 ⑧息 ⑨消去 ⑩命
　⑪全身 ⑫死 ⑬命中 ⑭生息 ⑮死

クイズ ③

●アドバイス

1 「身」の最後の「ノ」は、位置に気をつけて書かせましょう。「息」は、二字の「自己」に見えてしまわないように注意させましょう。

---

⑤ 代・式・昔・昭・和　13～14ページ

1 ①時代 ②交代 ③式場 ④入学式
　⑤大昔 ⑥一昔 ⑦昭和 ⑧昭和 ⑨和
　⑩和紙

2 ①昔話 ②式 ③代金 ④和室 ⑤千代紙
　⑥式

3 ①昭和 ②和

4 ①代わる ②代える

クイズ ①

---

⑥ かくにんテスト①　15～16ページ

1 ①中央 ②進化 ③死角 ④形式 ⑤区間
　⑥近県 ⑦息 ⑧九州

2 ①化ける ②反らす ③身代わり

3 ①ざか ②じま

4 ①とし・ぶう ②きょ・こ
　③ゆらい・りゆう ④このち・せいめい

5 ①台・対 ②世・代

●アドバイス

3 ①「ちか」が「ぢか」、②「しま」が「じま」と、それぞれにごる音に変わることに気をつけさせましょう。

⑩ 主・君・客・主・族　23〜24ページ

2
⑬作者　⑦人気者
⑭君　　⑧者
⑧家族　⑨客
⑮給食　③客
⑯客食　④主
⑨家族　⑤来賓
⑩客　　⑥君
⑪親族　⑦君
⑤親族　⑧主
⑫記者　⑨族
⑥君　　⑩水族

1
①人気者　⑥君
②者　　　⑦客
③客　　　⑧客
④主　　　⑨主
⑤読者　　⑩客主
⑪地主　　⑫記者

クイズ
①アドバイス
②

⑨ 向・返・放・送・追　21〜22ページ

3
①向かう　⑥放す
②返す　　
③放す
④送る　　

2
①返す　②追う
③向上　④追
⑤運送

1
①方向　　⑥放
②返金　　
⑦送向
③追　　　⑧送
④返　　　⑨記
⑤返　　　⑩追
⑩追

クイズ
①アドバイス
②
①

⑧ 写・真・羊・洋・服　19〜20ページ

2
①写真　⑥写
②書真　⑦羊
③真実　⑧洋服
④真夜　⑨洋服
⑤羊　　⑩一服
①羊　　⑥羊毛
⑫羊手　
⑦羊犬
②服　　⑧書写
⑬写真　⑨真実
③洋風　⑩服
⑭写真　⑪洋子
⑮西洋　
④真夜
⑯服地　⑤真

1
写・真・羊・洋・服

クイズ
①アドバイス
②
①

⑦ 申・決・定・発・表　17〜18ページ

3
①表子　⑥決
②決勝　⑦定
③定める
④活発　⑧表
⑤代表　⑨表
⑤発音

2
①決　②発売
③決定　④決
⑤定食
⑥申　⑦定
⑧表紙　⑨表
⑩表食

1
①申　②発
⑥申告　⑦定
③定　④表
⑧表決　⑨表
⑤申　⑩表通

申・決・定・発・表

（中央の列）

。
分を「助」の「目」の部分、「取」の「耳」の部分、「受」の「目」の部分をまちがえないように注意しましょう。

①アドバイス
②
①

3
①助ける　⑥受
②落ちる
③助手　　⑦取
④取り　　⑧守
⑤落石　　⑨受
⑩落章

2
①守　②取
③助　④助
⑤守　⑥受
⑦取　⑧落
⑨落　⑩落
①助語　②落音

1
①守　②取
③守　④助
⑤取　⑥受

⑬ 守・助・取・受・落　29〜30ページ

。
似ているので、「羊」と「洋」の意味で区別できるようにしましょう。形も。

①アドバイス
②
①

5
①羊・洋・書・写
②しゃしん・おも・しょ・め
③しゃしん・まこと・ひつじ・おも
④みおと・おも・よう

4
①ようふく
②ひつじ

3
①おも
②へ

2
①向け　②決
③打　④定
⑤族　⑥客

1
①放　②持　③拾
③送・追・返

⑫ かくにんテスト②　27〜28ページ

。
「球」の右上の点を、最後に書き忘れないように注意しましょう。

①アドバイス
②
音（へん）
首（くび）

3
①投げる　⑥打
②拾う　　⑦持
③野球　　⑧投
④気持　　⑨地球
⑤拾　　　⑩拾

2
①拾　②持
③投　④投
⑤持　⑥拾
⑦球　⑧投合
⑨球　⑩拾

1
①打者　②打
⑥打　⑦球
③持　⑧打
④球　⑤球

⑪ 打・投・拾・持・球　25〜26ページ

。
「君」の「手」は、真ん中の横画が、右側

1 ①役者 ②市役所 ③会所 ④台所 ⑤食住 ⑥住 ⑦門柱 ⑧火柱 ⑨階 ⑩階
2 ①主役 ②柱 ③住 ④近所 ⑤階 ⑥役目 ⑦住 ⑧員柱 ⑨長所 ⑩地階 ⑪住 ⑫役員 ⑬所 ⑭音階 ⑮柱

クイズ ③

アドバイス
1 「階」の「比」の部分は、左右の形が似ていますが全く同じではありません。書き順と合わせて、気をつけさせましょう。

1 ①大皿 ②皿 ③作品 ④品物 ⑤物体 ⑥食物 ⑦荷 ⑧荷台 ⑨商社 ⑩商人
2 ①絵皿 ②商業 ③手品 ④荷車 ⑤物 ⑥皿回 ⑦商店 ⑧物 ⑨品 ⑩荷台 ⑪商売 ⑫上品 ⑬小皿 ⑭荷 ⑮作物

クイズ ③

アドバイス
1 「商」の「人」の部分を、「入」としないように注意させましょう。

1 ①安全 ②安売 ③全 ④全 ⑤受注 ⑥注入 ⑦同意 ⑧用意 ⑨高速 ⑩速
2 ①全力 ②決意 ③速 ④全国 ⑤注文 ⑥平安 ⑦意外 ⑧注意 ⑨急速
3 ①全て ②注ぐ ③速い

クイズ ②

アドバイス
3 ③「早い」ではありません。「速い」は「時間がかからない」ことに、「早い」は「時刻や時期が前である」ことに使います。

1 ①他人 ②他 ③水平 ④平 ⑤等 ⑥等身大 ⑦二倍 ⑧人一倍 ⑨一部

⑩本部
2 ①他 ②対等 ③平 ④他界 ⑤等 ⑥倍 ⑦内部 ⑧他力 ⑨百倍 ⑩部首
3 ①平ら ②等しい

クイズ ②

アドバイス
1 「等」の「𥫗（たけかんむり）」の部分を「艹（くさかんむり）」としないように注意。

1 ①住所 ②商品 ③意見 ④二階 ⑤役 ⑥助走 ⑦三倍 ⑧安心 ⑨受け皿 ⑩落
2 ①早い ②速い
3 ①ぜんぶ・すぐ・まった ②せこうて・にもつ・もの ③くこわ・だ・ひら・びょうどう
4 ①取・守 ②柱・注

アドバイス
3 ①「全」と②「物」は、読み方の多い漢字です。前後の言葉や送りがなで区別させましょう。

1 ①豆 ②豆電球 ③味 ④味 ⑤原油 ⑥油 ⑦日本酒 ⑧酒場 ⑨飲酒 ⑩飲
2 ①油絵 ②酒 ③大豆 ④味 ⑤飲食店 ⑥酒 ⑦油 ⑧飲 ⑨豆 ⑩味 ⑪酒屋 ⑫味 ⑬飲 ⑭豆 ⑮油

クイズ ②

アドバイス
1 「飲」の左側が「食」になっていないか確認してください。

1 ①発育 ②育 ③組曲 ④曲 ⑤起立 ⑥早起 ⑦消 ⑧消 ⑨笛 ⑩口笛
2 ①笛 ②起点 ③曲 ④草笛 ⑤消 ⑥育
3 ①育む ②曲げる ③起こす ④消える

クイズ ②

アドバイス
1 「起」の「己」は三画で書きます。

5
①しょう・か ②ちゅう・か・・・
け・た・を・える
消化
消火・・・
指・始・・・
歯・・・

4 ③

3 ①はなち ②起きる ③次べ

2 ①曲がる ②飲用 ③次べ

1
①記号 ⑥記号
②有意 ⑦有名
③秒 ⑧体育
④豆
⑤油

アドバイス
（一）「ら」は「書」の一画目「一」で「、」。
「う」は、横画で、「、」ではなく「一」。
「す」。

1
①毎秒 ⑥年号
②番号 ⑦第一回
③号 ⑧号
④所有 ⑨横
⑤秒読

2
①第一 ⑨番号
②第 ⑩第号
③暗号 ⑪秒
④横 ⑫有
⑤有 ⑬秒
⑥秒 ⑭号
⑦有 ⑮有
⑧速

アドバイス
（一）「終」は、最後の二つの点「ソ」の向きに注意。

答え
③

2
①軽食 ⑥給
②発 ⑦
③次 ⑧次
④終点 ⑨次大
⑤終 ⑩重大

1
①次回 ⑥終
②三目 ⑦重
③重 ⑧三重県
④給 ⑨軽
⑤終 ⑩軽

アドバイス
「鼻」の上は「白」ではなく「自」です。

答え
③

2
①歯科 ⑨指先
②歯 ⑩前歯
③皮 ⑪歯車
④鼻歯 ⑫指図
⑤血 ⑬皮肉
⑥表皮 ⑭指事
⑦歯科 ⑮鼻息
⑧毛皮 指定

1
①皮 ⑥指
②指 ⑦
③血
④鼻
⑤歯

答え
③

2
①目礼 ⑪礼
②同 ⑫宮
③神様 ⑬祭社
④神式 ⑭文化神
⑤神様 ⑮祭宮
⑥祭 礼服
⑦宮中 礼
⑧祭社 祭子
⑨王様
⑩礼

1
①礼 ②礼
③神 ④神話
⑤神様
⑥礼 ⑦宮中
⑧祭社 ⑨祭日
⑩祭子

アドバイス
「仕」の「土」を「士」にしないように注意。

答え
②

2
①農地 ⑥仕事
②仕事 ⑦仕
③農業 ⑧農業
④給 ⑨花畑
⑤畑 ⑩工業
⑪工業 ⑮農作物
⑫仕事 畑作
⑬休業
⑭畑

1
①仕上 ⑥仕上
②仕 ⑦
③ ⑧農
④事
⑤田畑

アドバイス
（一）「及」は三画で書く。「、」。

3
①委 ⑦委員
②保 ⑧一学級生
③委 ⑨学童
④童 ⑩委
⑤童 委員

2
①上級生 ⑥保
②学級 ⑦保長
③保 ⑧保会
④全員 ⑨全員
⑤童 ⑩級

1
①委 ⑥委員
②童
③
④
⑤

アドバイス
「氵（さんずい）」が「水」をあらわします。また、「泳」の右側の漢字「永」は、「水」に関係する意味の部分を

答え
①

3
①泳ぐ ⑥水泳
②流れる ⑦平泳

2
①泳 ⑥水泳
②流 ⑦平泳
③波 ⑧電波
④湖 ⑨湖
⑤湖岸 ⑩海岸
⑥合流 流
⑦ 対岸

1
①水泳 ⑥
②大波
③波
④波間
⑤海岸

㉙ 予・想・期・待・短 61~62ページ

1 ①予 ②予想 ③空想 ④想 ⑤期待 ⑥定期 ⑦待 ⑧待 ⑨短所 ⑩手短

2 ①予 ②待 ③気短 ④感想 ⑤予 ⑥理想 ⑦期間 ⑧待 ⑨待 ⑩時期 ⑪予定 ⑫短歌 ⑬期日 ⑭想定 ⑮短時間

クイズ ①

アドバイス

1 「待」の「彳」を「イ」としないように注意。

㉚ かくにんテスト⑤ 63~64ページ

1 ①泳 ②委員会 ③待 ④岸 ⑤祭 ⑥多様 ⑦期 ⑧薬

2 ①仕える ②流す ③短い

3 ①たはた(でんばた) ②けこ ③どうわ ④のうじょう

4 ①礼・神 ②波・湖 ③事・予

5 ①宮・級 ②想・送

㉛ 医・病・院・薬・局 65~66ページ

1 ①医学 ②歯科医 ③病院 ④病室 ⑤院長 ⑥入院 ⑦薬品 ⑧薬 ⑨局所 ⑩局

2 ①医者 ②大学院 ③薬草 ④病気 ⑤局 ⑥名医 ⑦病弱 ⑧院 ⑨薬 ⑩校医 ⑪局面 ⑫病名 ⑬薬屋 ⑭寺院 ⑮局地

クイズ ②

アドバイス

1 「薬」は、左右の点の向きに注意させます。

㉜ 急・乗・進・運・転 67~68ページ

1 ①急 ②急 ③乗員 ④乗 ⑤進行 ⑥進歩 ⑦運送 ⑧運 ⑨回転 ⑩自転車

2 ①運転 ②転校 ③急用 ④乗客 ⑤運休 ⑥乗車 ⑦前進

3 ①急ぐ ②進む ③乗せる

クイズ ②

アドバイス

2 ④「乗客」は、列車やバスなどにお金を払って乗っているお客のことです。

㉝ 氷・炭・湯・鉄・銀 69~70ページ

1 ①氷山 ②氷 ③石炭 ④炭火 ⑤湯 ⑥湯飲 ⑦地下鉄 ⑧鉄道 ⑨銀紙 ⑩銀行

2 ①氷 ②鉄 ③湯 ④炭 ⑤銀 ⑥湯船 ⑦銀 ⑧氷点下 ⑨湯気 ⑩炭 ⑪氷 ⑫鉄分 ⑬銀色 ⑭鉄 ⑮炭

クイズ ③

アドバイス

1 「鉄」の右側は、「矢」ではなく「失」です。

㉞ 研・究・章・漢・詩 71~72ページ

1 ①研究 ②研 ③究 ④究 ⑤章 ⑥文章 ⑦漢字 ⑧漢文 ⑨詩人 ⑩詩

2 ①研究 ②章 ③詩 ④究 ⑤追究 ⑥漢詩 ⑦校章 ⑧究明 ⑨研究 ⑩漢方 ⑪詩集 ⑫研 ⑬漢和 ⑭記章 ⑮詩

クイズ ①

アドバイス

1 「漢」は横画の数に注意させましょう。

㉟ 具・板・帳・筆・箱 73~74ページ

1 ①雨具 ②具 ③黒板 ④板前 ⑤通帳 ⑥日記帳 ⑦筆者 ⑧筆先 ⑨箱 ⑩本箱

2 ①筆 ②具合 ③帳 ④箱 ⑤地図帳 ⑥板 ⑦代筆 ⑧筆箱 ⑨鉄板 ⑩用具 ⑪板書 ⑫毛筆 ⑬家具 ⑭箱 ⑮帳消

クイズ ②

アドバイス

1 「具」は、「貝」としないように注意させましょう。

㊱ かくにんテスト⑥ 75~76ページ

1 ①炭 ②詩 ③薬指 ④研 ⑤病 ⑥流氷 ⑦乗 ⑧具

2 ①転ぶ ②運ぶ ③進める

3 ①だいこくしょう ②きゅうちょう ③ばん ④てちょう

4 ①筆・箱 ②鉄・銀 ③湯・漢

5 ①急・究 ②委員・医院

右段：

クイズ ③

③
①実る
②植える
③植林

②
①実 ⑥植行
②青葉 ⑦羽根
③実 ⑧言葉
④深 ⑨緑化
⑤緑茶 ⑩黄緑色

①
①実 ⑥植
②実 ⑦緑
③実 ⑧実
④大根 ⑨根
⑤植 ⑩植物

【40】 実・根・植・葉・緑　83〜84ページ

アドバイス ①
「悲」や「悪」の下の「心」の部分を、
「ミ」と書かないように注意しましょう。

クイズ ①

③
①明暗 ⑥苦
②深 ⑦悲
③悲 ⑧悲
④暗 ⑨悪

②
①苦 ⑥深
②深 ⑦夜
③悪意 ⑧暗記
④深 ⑨鳴人
⑤悲 ⑩悪

①
①苦 ⑥深い
②苦い ⑦悲
③深い ⑧暗
④悪人 ⑨暗
⑤悪 ⑩深海

【39】 暗・悲・深・悪・苦　81〜82ページ

アドバイス ①
「配」の左側が「西」にならないように
確認してください。

③
①配る
②集まる
③着せる
「酉」の部首名は「とりへん」。

②
①気配 ⑥全勝
②勝負 ⑦配
③着 ⑧集
④集会 ⑨着
⑤集合 ⑩上着

①
①全勝 ⑥勝負
②勝 ⑦配
③着 ⑧歌集
④負 ⑨集
⑤配 ⑩着地
⑥配合 ⑩上着

【38】 勝・負・配・集・着　79〜80ページ

アドバイス ①
「幸」は、横画の数に注意しましょう。

クイズ ③

③
①幸 ②幸
③美し ⑥動か
⑤動物 ⑦幸

②
①幸 ⑥美人
②幸福 ⑦感
③感 ⑧幸福
④美 ⑨身動
⑤運動 ⑩自動

①
①幸福 ⑥美
②幸 ⑦動
③幸 ⑧動
④福 ⑨子感
⑤福引 ⑩美
多幸化 ④美

【37】 幸・福・美・感・動　77〜78ページ

左段：

書きましょう。「寒」は、横画の数や、点の向きに注意して

アドバイス ①

クイズ ③

③
①寒い
②暑い
③寒い

②
①温度 ⑥陽気
②暑 ⑦温室
③役 ⑧寒暖
④強度 ⑨太陽
⑤陽光 ⑩寒

①
①温度 ⑥温
②水温 ⑦温度
③角度 ⑧役
④速 ⑨寒暖
⑤暑 ⑩太陽

【43】 温・度・暑・陽　89〜90ページ

アドバイス ①
②読みがね。「屋」と「家」は、訓読みが
似ています。「屋」は「や」、「家」は「いえ」と
読み、意味も似ていますが、「家」には「大家・住む」の職業・仕事の意味で使います。「家・屋」は同じ「屋根」を表す意味で使います。

アドバイス ①

⑤
①感・館
②屋・根
③着・美

④
①実
②植
③着
④悲

③
①集まる
②へる
③苦しい

②
①集 ⑥深
②暗 ⑦暗
③勝者 ⑧配
④悪 ⑨車庫
⑤動作 ⑩配

①
①暗 ⑥深
②車庫 ⑦暗
③勝者 ⑧配
④悪 ⑨車庫
⑤動作 ⑩深

【42】 かんむり（⑦）　87〜88ページ

書きましょう。「旅」は、「科」で書くように、画数が多いので、練習して上手に書けるように。

アドバイス ①

クイズ ①

②
①旅庫 ⑥旅庫
②図書 ⑦図書
③船旅 ⑧宿題
④旅 ⑨旅館
⑤屋根 ⑩屋外

①
①合宿 ⑥旅
②宿 ⑦宿
③会館 ⑧会館
④金庫 ⑨旅館
⑤文庫 ⑩体育館

②
①屋台 ⑥旅庫
②長宿 ⑦図書
③屋題 ⑧会館
④魚車庫 ⑨雨旅
⑤金庫 ⑩屋上

【41】 宿・屋・庫・旅・館　85〜86ページ

アドバイス ①
「糸（いとへん）」は、六画で書きます。

44 両・面・路・駅・橋　91〜92ページ

1 ①両親 ②両手 ③地面 ④面会 ⑤路
⑥旅路 ⑦駅長 ⑧駅 ⑨鉄橋 ⑩石橋

2 ①正面 ②両用 ③駅員 ④画面 ⑤橋
⑥車両 ⑦道路 ⑧駅前 ⑨家路 ⑩歩道橋
⑪両方 ⑫駅 ⑬橋 ⑭面 ⑮路面

クイズ ②

アドバイス

1 「路」の「足」の部分を、「足」と書かないように注意させましょう。

45 庭・遊・開・港・登　93〜94ページ

1 ①家庭 ②中庭 ③遊 ④遊 ⑤開店
⑥海開 ⑦入港 ⑧港町 ⑨登 ⑩山登

2 ①校庭 ②港 ③庭木 ④遊 ⑤登場
⑥開港

3 ①遊ぶ ②開ける ③開く ④登る

クイズ ②

アドバイス

3 ②「開ける」の意味は「ひらく」。同じ読みの言葉で「明ける（ある期間が終わる）」、「空ける（からにする。空間・時間を作る）」があるので、使い分けに注意させましょう。④「登る」の意味は「下から上へ行く」。同じ読み方に「上る」「昇る（中学漢字）」があります。「登る」は「山・木」などの場合に、「昇る」は「太陽・月」などに、「上る」はそれ以外の場に広く使います。

46 使・相・談・調・整　95〜96ページ

1 ①天使 ②使 ③手相 ④相手 ⑤相談
⑥談話 ⑦調理 ⑧調 ⑨整 ⑩整理

2 ①使用 ②会談 ③調子 ④相当 ⑤面談
⑥使命 ⑦整形

3 ①使う ②調べる ③整える

クイズ ②（①「想」、③「送」と書く。）

アドバイス

1 「整」の上の「敕」は小さく、下の「正」は、横長にバランスよく書かせましょう。

47 勉・練・習・問・題　97〜98ページ

1 ①勉 ②勉強 ③練 ④練 ⑤復習 ⑥習
⑦学問 ⑧問 ⑨題名 ⑩話題

2 ①勉学 ②問屋 ③題 ④練 ⑤練 ⑥問
⑦習 ⑧題 ⑨問 ⑩勉強 ⑪練 ⑫習
⑬題 ⑭習 ⑮勉

クイズ ③

アドバイス

1 「問」は、形が似た「間」「門」とまちがえやすいので、「問題・学問」、「時間・人間」、「校門・名門」など、熟語で覚えさせましょう。

48 かくにんテスト⑧　99〜100ページ

1 ①実 ②暑 ③路 ④橋 ⑤駅 ⑥使
⑦勉強 ⑧問題

2 ①開く ②整う ③習う

3 ①あそ ②りょうしん ③ゆうえい
④れん

4 ①温・港 ②度・庭 ③談・調

5 ①陽・曜 ②登・当

49 まとめテスト①　101〜102ページ

1 ①路（事）・次 ②花・鼻 ③指・詩
④福・服 ⑤実・味 ⑥薬・役

2 ①着 ②返・代

3 ①決行・血行 ②全身・前進 ③委員・医院
④開店・回転 ⑤急速・休息

50 まとめテスト②　103〜104ページ

1 ①横 ②昔 ③表 ④他 ⑤業
⑥去（今・前・昨） ⑦配 ⑧両

2 ①勝・しょうぶ ②死・せいし
③暗・めいあん ④問・もんどう
⑤苦・くらく ⑥始・しゅうし

3 ①は・イ ②ね・ア ③わる・エ
④つか・オ ⑤あたた・ウ

4 ①登校・起きる ②深海・育つ・調べる
③湖・美しい・有名 ④植物・研究・重ねる
⑤羊・短く・整える

111

漢字は、音読みの五十音順に並べています。訓読みしかない漢字や

さ／い／へ／ん